ÉRICO RENATO ALMEIDA

Mulher

PODEROSA, LINDA E LOUCA

Vitrola® editora

Direção Editorial
Vitor Alessio Manfio

Edição
Isadora Ferrão Sant'Anna

Assistente Editorial
Thais Regina Gerelli

Capa
Renata Vidal

Projeto Gráfico
Erick Alves Pereira

Revisão
Lethicia Roberta Barros Gonçalves

Ilustração
Anna Ismagilova

Dados Internacionais de Catalogação na Publicação (CIP)
(Câmara Brasileira do Livro, SP, Brasil)

Almeida, Érico Renato Oliveira de
Mulher poderosa, linda e louca / Érico Renato Oliveira de Almeida.
-- 1. ed. -- Frederico Westphalen, RS
Vitrola Editora, 2020.

ISBN 978 - 65- 991749- 5- 7

1. Amor 2. Autoajuda 3. Literatura 4. Paixão
5. Psicologia aplicada 6. Relacionamento -
Homem-mulher 7. Relações interpessoais I. Título.

20- 48378 CDD - 155.633

Índices para catálogo sistemático:

1. Mulheres : Autoajuda : Psicologia aplicada
155.633

Maria Alice Ferreira - Bibliotecária - CRB- 8/7964

Vitrola editora

SUMÁRIO

Introdução

QUEM SOU EU?

Olá, universo! Talvez você já me conheça, talvez não. De qualquer forma, preciso me apresentar. Eu me chamo Érico Renato Almeida e sou muitas coisas nessa vida: sou poeta, sou selvagem, sou debochado, sou até o malvado favorito de muita gente. Talvez minha sinceridade seja um defeito ou uma qualidade. Isso quem decide é você.

Certa vez, um escritor francês chamado Malraux encontrou um velho padre católico e lhe fez o seguinte questionamento:

— Padre, depois de toda uma vida como confessor e leitor de almas, o que você descobriu?

O velho padre refletiu por alguns minutos e respondeu:

— Vou lhe dizer duas coisas. A primeira é que as pessoas são muito mais infelizes do que se imagina. A segunda coisa é que não há grandes pessoas.

Não sou demasiadamente feliz, também não posso afirmar que sou uma pessoa infeliz. Diariamente tenho encontrado, do meu jeito, o caminho para a felicidade ou, pelo menos, para uma pouca infelicidade. A busca do amor-próprio e do autoconhecimento é uma das bases para isso e não acontece do dia para a noite, é uma batalha constante, uma briga diária que decidi comprar. Mas preciso concordar com o velho padre: as pessoas têm estado mais infelizes, e eu não sou uma grande pessoa

Então quem sou eu?

Sou apenas um homem com alma de poeta que quebrou a cara algumas vezes, que também já deu rasteira em muita gente e que finalmente se cansou. Eu me tornei um ex-embuste, que passou para o lado feminista - tá bom, pro-feminista, por que não é meu lugar de fala, já que sou homem. Não foi nada espiritual ou cósmico que me fez mudar de lado. Simplesmente me cansei de ser um babaca emocionalmente irresponsável e parei de brincar com os sentimentos alheios.

Usei toda a minha experiência e estudo nos campos da filosofia e psicologia para conquistar mulheres, e agora resolvi expor o que aprendi. Foi com o intuito de ensinar o amor-próprio — e revelar o que as mulheres devem fazer para entender o pensamento masculino e fugir de relacionamentos abusivos — que criei um perfil nas redes sociais chamado: MENINA, JOGUE-SE (@meninajoguese). É com esse mesmo objetivo que escrevi esse livro, um conjunto de ensaios sobre variados temas, explicando o que os homens pensam das mulheres em nossa sociedade atual.

Tente me ver como uma espécie de anti-herói, não tenho vocação para ser bonzinho, mas ajudo na luta contra o vilão. Não tenho ambições de mudar a nossa sociedade, mas se esse livro conseguir mudar o mundo de pelo menos uma mulher, terei alcançado meu objetivo. A teoria do caos afirma que o bater de asas de uma borboleta, talvez, possa provocar um tufão do outro lado do mundo influenciando o curso natural das coisas. Então, ao ler este livro, uma mulher pode mudar o próprio mundo e com essa mudança incentivar outras pessoas a fazer o mesmo. Lembre-se: quando as pessoas mudam, a sociedade muda junto e o universo faz o restante.

POR QUE ESTE LIVRO?

Vivemos o auge da tecnologia, inteligência artificial, redes sociais, medicina, psicologia e filosofia. Mas, apesar dos avanços, a sociedade jamais esteve tão doente. Com a rapidez da informação, nós nos acomodamos, buscamos respostas prontas sem indagar o porquê de as coisas serem assim. Isso se reflete nas mulheres e em como elas encaram os homens quando se trata de relacionamentos amorosos.

Nossa sociedade anda amargando males da mente e da alma, manifestados em doenças como a ansiedade, estresse e depressão. As relações já não são mais as mesmas e há quem diga que o casamento por amor se tornou uma instituição falida. As mulheres entendem cada vez menos os homens e vice-versa.

O que me motivou a escrever este livro não foi a vaidade e sim a surpresa ao perceber a necessidade que as mulheres têm de buscar respostas prontas para o comportamento masculino. Não sou nenhum especialista no assunto, recuso-me a ser chamado de coach ou qualquer termo que me apresente como dono da verdade. Sou apenas um homem hétero, que já foi um embuste, que estudou ensaios de psicologia e filosofia para se dar bem na arte da conquista e que agora escreve para mulheres, explicando como os homens pensam e porque pensam assim. Sobre isso eu sei falar muito bem – enfim, tenho meu lugar de fala.

E por que isso seria necessário? Nossa sociedade é machista, o que não é novidade para ninguém, o homem tem o domínio da situação e está ganhando o jogo. Sou pro-feminista e um dos pleitos do movimento feminista é que os homens mudem de atitude e comportamento perante a sociedade, abraçando a igualdade de gênero.

Como homem, posso perguntar: e por que o homem faria isso? Por que ele mudaria seu comportamento se está em vantagem no placar? Em time que está ganhando não se mexe.

Penso que a mudança virá quando a própria mulher mudar de atitude e parar de aceitar o comportamento machista. Aqui eu não falo de política, trabalho, economia ou sociologia. A análise é estritamente sentimental. Mulheres precisam parar de serem escravas emocionais dos homens.

No livro a Arte da Guerra, o general Sun Tzu diz o seguinte:

Conheces teu inimigo e conhece-te a ti mesmo; se tiveres cem combates a travar, cem vezes serás vitorioso. Se ignoras teu inimigo e conheces a ti mesmo, tuas chances de perder e de ganhar serão idênticas. Se ignoras ao mesmo tempo teu inimigo e a ti mesmo, só contarás teus combates por tuas derrotas.

Para vencer a guerra contra o machismo é necessário, mais do que nunca, que a mulher compreenda o pensamento masculino e passe a revidar para virar o jogo. Só conhecendo o inimigo para ganhar vantagem nessa luta.

AGRADECIMENTOS

Não fazia ideia do quão trabalhoso era escrever um livro. Já tive poemas publicados em coletâneas, mas jamais um livro completo em carreira solo.

Deu muito trabalho e eu não teria conseguido sem ajuda de muitas pessoas. O mais interessante de escrever esta obra foi que durante todo o processo, eu mesmo me descobri e pessoas se transformaram. Parece clichê, mas escrever um texto de cunho filosófico faz com que passemos a nos enxergar sob outros ângulos. Tive seguidoras especiais que sempre torceram por mim, e, quando pensei em desistir, foram elas as responsáveis por me lembrar de que eu não era tão doido assim para fazer isso.

Fica aqui registrado a minha origem. Meu muito obrigado à vovó Maria Rita, pela garra de ser uma mulher firme e ter passado sua educação para meu pai. À vovó Helena, por ter me avisado que tudo seria possível. À mainha Maria das Graças e à minha irmã neném Elaine Vanessa, por serem minhas referências modernas do que significa ser uma mulher poderosa, linda e louca.

Minha eterna gratidão às minhas seguidoras no Instagram, motivo de minha loucura.

COMO LER AS PRÓXIMAS LINHAS

"SE EU VI MAIS LONGE, FOI POR ESTAR APOIADO SOBRE OMBROS DE GIGANTES."

Sir Isaac Newton

Este não é um livro para ser lido apenas uma vez. É um livro para ser consultado todos os dias, assim como a batalha pela conquista do amor-próprio também é diária.

Você vai perceber ao longo da leitura que são usados muitos termos de psicologia e filosofia, assim como experiências pessoais. Essa mistura funciona como base de um guia para você entender o que se passa em sua mente e na mente de um homem. É preciso saber o que se sente e porque se sente.

Dessa forma, você vai encontrar o próprio caminho para a maturidade emocional. Passará a entender sua mente e a de seu parceiro e abrir a mente para o motivo de todas as coisas serem assim. O propósito deste livro não é abrir, mas apontar o caminho e assim responder a todas as suas dúvidas sobre o motivo para o homem agir como age, mesmo que isso não faça nenhum sentido para você, mulher. Tudo nessa existência tem uma razão de ser, claro que existem exceções como mulher, você pode ter atitudes machistas e vice-versa, mas para a leitura desse livro, não trato de exceções e sim da regra geral. Nada aqui foi inventado por mim, foi analisado por verdadeiros especialistas que estudaram e desenvolveram o assunto. Apenas coloquei em prática a arte de ser um cafajeste, observando a experiência de outras pessoas, aprendendo como me sair bem de diversas situações.

Se você está procurando solução para seus problemas amorosos, sinto dizer que não sou um salvador da pátria. Estou mais para anti-herói e meu superpoder é a sinceridade aliada ao conhecimento.

Cuidado! Jogarei a verdade na sua cara e isso vai doer... e muito.

PARTE I

Poderosa

ANTES DE TUDO...

Se você é o tipo de mulher que cultiva crenças limitantes e se orgulha disso ou que possui a cabeça fechada para novas ideias, sinto dizer, este livro não é para você.

O objetivo que tenho com esta obra não é combater ou defender algum gênero – feminino ou masculino. Provavelmente em algum momento serei chamado de sexista ou machista só pelo fato de ser um homem que escreve para mulheres, apesar de me considerar totalmente pró-feminista. Então antes de começar a leitura, saiba mulher, que estou do seu lado e mesmo que você não concorde com algumas das minhas afirmações – estou bem tranquilo quanto a isso.

O que trago com este conjunto de ensaios em forma de livro é uma visão masculina em um mundo machista. Não tenho a pretensão de carregar o estandarte de portador da verdade, quero passar longe da ideia de que o que escrevo deve ser considerado verdade absoluta ou de que sou algum tipo de cavaleiro de armadura brilhante. Tenho dois motivos para não almejar isso: primeiro, não tenho competência nenhuma para bancar algum tipo de herói, segundo, isso dá muito trabalho e minha cota de sacrifícios já está no limite.

Os temas de que trato aqui possuem o intuito de desviar a mulher do estilo patriarcal e arcaico de ser – pretensioso demais, não? Eu sei. Mas entendo como funciona a cabeça de um homem e se você utilizar esse conhecimento, poderá inverter o jogo. Espero que com estes textos você possa abrir sua mente e parar de se importar com a opinião masculina em relação a como deve agir e pensar.

Faço isso alimentando o amor-próprio, demonstrando a necessidade desse cultivo. Dessa forma, quem sabe a névoa da fantasia criada pela indústria de filmes do gênero comédia romântica seja entendida apenas como uma obra ficcional.

Isso requer um certo sacrifício e, sobretudo, coragem para compreender como são os fatos, porque são assim, e porquê você não deve aceitá-los sem discussão. Desconstruir conceitos e crenças leva tempo e requer esforço diário. Roma não foi feita em um dia, construir uma sociedade mais justa, com igualdade de gêneros, depois de vários anos de machismo, também não.

MULHER É PODER

O termo mulher deriva da palavra em latim *mollis* que significa mole. A origem é complexa, mas o significado é claro: a mulher sempre foi considerada a parte fraca da sociedade.

O ambiente em que vivemos é cruel e por muitas vezes injusto, mas isso deve mudar. A palavra "mulher" precisa ter seu significado alterado para "PODER" e você faz parte dessa mudança. Então chega de se submeter aos padrões impostos pela sociedade. A mulher é livre para fazer o que quiser de sua vida: ela é poderosa!

Toda mulher já vem de fábrica com os equipamentos obrigatórios: felicidade, escolha, competência e vida e isso mais do que nunca precisa ser respeitado, principalmente por você e por outras mulheres. Unam-se mulheres e toda a sociedade seguirá vocês aonde forem.

Então faça sua escolha buscando sempre o seu verdadeiro caminho. Você não precisa casar ou ter filhos só porque os outros acham que você deve fazer isso, você não precisa seguir os padrões estéticos impostos por capas de revistas; você não é obrigada a nada!

Siga seus instintos que nunca falham e mostre como é ser feliz de verdade. Lute por tudo o que deseja desde que seja o que você mesma ambiciona.

Chega de ser *mollis*! Está na hora de ser uma mulher, está na hora de ser PODER!

DOIS UNIVERSOS: O HOMEM E A MULHER

Se toda mulher soubesse o valor que tem, eu não precisaria escrever este livro e muito menos elas precisariam lê-lo. Eu seria muito pretensioso se, como homem, tivesse que explicar a uma mulher como ser mulher – para delírio das feministas.

Não é disso que se trata este texto. Minha intenção aqui é explicar o que a ciência descobriu sobre a mulher, a fim de entender em que momentos ela difere do homem. Isso é extremamente necessário no ponto em que é preciso compreender a si mesmo, compreender o inimigo, para que fique claro porque homens fazem o que fazem e porque as mulheres reagem a isso da forma como reagem.

Mulheres tendem a chamar os homens de insensíveis, pois não entendem como somos diferentes e pensamos diferente. Algumas até acreditam que homens não possuem sentimentos.

Como não entende essa diferença entre masculino e feminino, a mulher passa a se enclausurar em um mundo criado em sua cabeça, acreditando que homens e mulheres sentem as mesmas coisas, na mesma intensidade e no mesmo momento. Essa falta de compreensão leva a mulher a conflitos em relacionamentos. "Por que ele não me compreende? Por que ele não é mais sensível?" São perguntas feitas a si mesma. Homens agem diferente porque pensam diferente, isso é fato, e você precisa entender isso. Você não pode esperar que ele tenha uma reação como homem da mesma forma que você teria como mulher. Como eu disse: somos de mundos diferentes.

A CIÊNCIA AFIRMA

Desde a invenção de novos equipamentos para mapear o cérebro humano, várias pesquisas foram feitas para descobrir como nossa mente funciona. Além de descobrir quais áreas do cérebro são responsáveis por funções básicas, como falar, criar, andar, enxergar, foi descoberto um fato que já sabíamos na prática, mas carecia de confirmação científica: homens e mulheres pensam de forma diferente.

Aceitar e entender este fato é o início da compreensão do porquê homens reagem de uma forma diferente das mulheres em uma mesma situação. Assim como a forma de pensar, também temos que levar em consideração a educação e como a sociedade encara determinadas circunstâncias.

Você já notou que quando está perdido o homem precisa abaixar o volume do som do carro para poder pensar? Isso é só uma pequena amostra de como homens e mulheres são diferentes. E não quero afirmar aqui que existe melhor ou pior, apenas que são diversas as maneiras de pensar e agir.

Mulheres criticam os homens por sua falta de sensibilidade, por não expressarem em palavras o que sentem, pela dificuldade em assumir relacionamentos e por deixarem a tampa do vaso levantada. Por outro lado, os homens reclamam do excesso de drama feminino e por elas falarem demais.

O motivo dessas diferenças é nosso processo evolutivo. No início da humanidade, nossa expectativa de vida era de trinta anos, ou seja, quando a mulher tinha sua menarca (primeira menstruação), praticamente estava na metade da vida e o homem aos 20 anos era um velho. A vida era extremamente hostil nesse período e cada papel era bem definido pelo gênero em prol da sobrevivência. Homens eram responsáveis por caçar, encontrar comida e proteger sua família (ou grupo) dos inimigos. As mulheres precisavam cuidar dos bebês, vigiar a comida e manter a fogueira da caverna acesa.

Essa diferença de funções resultou em caminhos diferentes na evolução de homens e mulheres. Os homens ficaram mais altos, mais fortes, enquanto as mulheres ficaram mais espertas e ágeis. Em ambos os casos o cérebro se especializou em desenvolver as habilidades necessárias à sobrevivência.

QUAL O RESULTADO DISSO?

Para caçar o homem precisava enxergar mais longe de forma que sua visão se tornou tunelada (em forma de túnel). Isso explica por que homens têm pouca visão periférica, quando você pede para ele olhar "disfarçadamente" para aquele vestido ridículo que sua inimiga está usando na festa, ele simplesmente não consegue olhar de lado e precisa virar todo o pescoço, para sua frustação. E se ele afirmar que conseguiu ver, sem virar a cabeça, tenha certeza que ele não conseguiu ver os detalhes daquela roupa brega – ele está mentindo só para concordar com você que aquele vestido é feio mesmo.

Ah! Isso também explica porque os homens não conseguem olhar fixamente para seus olhos enquanto você usa um decote. Ele quer reparar no seu corpo de forma discreta, mas, como não possui visão periférica, ele precisará baixar a cabeça enquanto fala.

Como a mulher precisava ficar na caverna e só caminhava pequenas distâncias para colher frutas, ela não desenvolveu uma visão de longo alcance, em compensação sua visão periférica é mais aguçada, visualizando melhor o que se encontra ao seu redor para prever possíveis perigos – como o vestido das inimigas. Esse é só um pequeno exemplo de porquê homens agem diferente das mulheres; há mais, muito mais.

O CÉREBRO

Já afirmei que homens e mulheres são diferentes, mas claro que temos algo em comum: o cérebro.

Nosso cérebro é dividido em dois hemisférios e cada um deles possui setores responsáveis por cada uma de nossas funções.

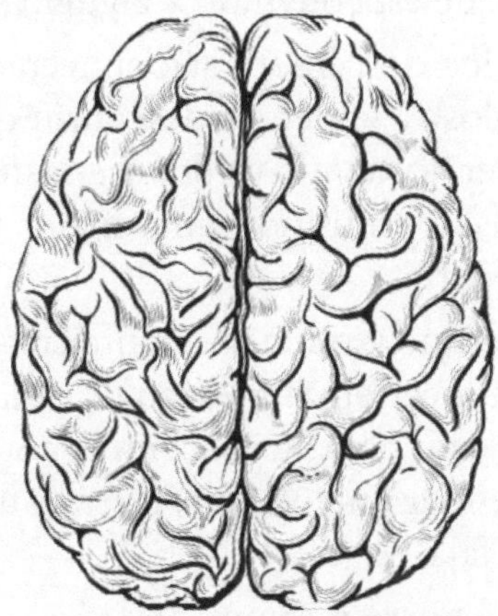

Esquerdo	Direito
Matemático	Artístico
Intelectual	Sensível
Temporal	Atemporal
Histórico	Eterno
Analítico	Receptivo
Linear	Não linear
Sequencial	Simultâneo
Masculino	Feminino
Lógico	Espacial
Argumentador	Experimental
Verbal	Intuitivo
Racional	Irracional

O lado esquerdo do cérebro é responsável, dentre outras características, pela ordem, pela lógica, pela matemática. O lado direito é responsável pela criatividade, pelas ideias e imaginação.

Quem comanda o lado direito do corpo é o hemisfério esquerdo do cérebro, enquanto o hemisfério direito comanda o lado esquerdo do corpo – como um X. Não por acaso, pessoas canhotas tendem a ser mais criativas, como Albert Einstein, Picasso, Da Vinci. Também não é por acaso, que quando você precisa pensar ou refletir sobre uma resposta lógica, olhará para o alto tendendo para o lado direito, acionando o lado esquerdo do cérebro.

Através de equipamentos modernos foi possível mapear onde estão localizadas essas funções. As pesquisas e análises avançam a cada dia e os cientistas estão sempre fazendo novas descobertas. O cérebro humano é extremamente complexo, explicando porque as pessoas são tão difíceis de decifrar e porque desconhecemos o potencial de nosso próprio corpo.

Uma das descobertas reveladoras é que apesar de homens e mulheres possuírem a mesma estrutura cerebral, as regiões competentes para determinas atividades são mais ou menos desenvolvidas com base no sexo.

As leituras cerebrais constataram que a região responsável pela fala é bem mais desenvolvida na mulher que no homem, por isso elas tendem a falar mais, a argumentar mais, enquanto o macho se contenta em ficar calado, fingindo que está ouvindo – alguém se identifica?

Os dois hemisférios do cérebro são conectados por uma estrutura chamada "corpo caloso". A ciência descobriu que essa região é mais desenvolvida na mulher, tornando os dois hemisférios do cérebro feminino mais "conectados", permitindo uma maior troca de informações entre os dois lados cerebrais.

É por esse motivo que a mulher é conhecida por ser multitarefa e o homem só consegue focar em uma ação de cada vez. Enquanto o homem precisa baixar o som para se concentrar em qual caminho seguir, a mulher consegue atender um telefone, fazer as unhas e pensar na lista de compras enquanto fala.

Eu sei, o homem é burro mesmo.

SEXTO SENTIDO FEMININO

Todos temos cinco sentidos: visão, audição, olfato, paladar e tato. Mas a mulher em seu processo evolutivo desenvolveu mais um. Sabe aquela voz interior que te alerta quando algo vai acontecer? Aquele pressentimento que te torna mais eficiente que o FBI para descobrir as coisas? Esse é o sexto sentido da mulher.

Enquanto os homens buscavam a comida, as mulheres ficavam na caverna para cuidar das crianças, muitas vezes grávidas. Nessa situação as mulheres ficavam, como ainda hoje, mais lentas e com dificuldade de fugir de animais e outros inimigos, por isso precisaram desenvolver a própria defesa: a esperteza.

Ao perceber melhor o ambiente elas conseguem antecipar quando algo pode acontecer e assim tomar as precauções necessárias. É por possuir esse sexto sentido que as mães conseguem ler melhor as necessidades dos seus bebês, analisando com mais atenção os detalhes como seus gestos e expressões, enquanto os homens, ao verem seus filhos chorando apenas presumem que eles estão precisando da mãe.

Por ter um cérebro mais conectado, a capacidade de processamento da mulher é superior a do homem. Dessa forma ela consegue aproveitar melhor o cérebro, usando os dois hemisférios para pensar e analisar o desfecho de situações. Isso inclui a capacidade de perceber a linguagem corporal de outras pessoas, detectar mentiras e saber quando uma inimiga está próxima.

Durante a fase da conquista a mulher modifica sua linguagem corporal para mostrar interesse, mas, por vezes, mesmo a mulher demonstrando interesse por gestos, o homem não consegue interpretar esses sinais, frustrando a iniciativa feminina e fazendo com que ela ache que o interesse não é recíproco ou forçando-a a ser mais incisiva na investida.

Talvez você já tenha passado por essa situação ou conhece alguém que passou: o boy está conversando com uma mulher e você tem certeza de que ela estava dando em cima dele e ao tomar satisfações com seu amado, ele simplesmente nega e diz que isso é coisa da sua cabeça – você está louca?!

O que acontece é que o homem, desprovido de sexto sentido, não consegue enxergar os sinais da inimiga e, por isso acaba passando batido sem compreender a situação.

Eu já falei que homem é burro, né? Pois ele também é lento.

Mas não se engane, aquele seu embuste aprendeu a lidar com essa falha e desenvolveu uma forma de também interpretar os sinais corporais de forma correta.

HORMÔNIOS

Por muito tempo achou-se que o comportamento diferente de homens e mulheres era uma questão de convenção social. Homens foram ensinados a serem cafajestes e as mulheres, damas. Com a evolução das pesquisas foi preciso colocar mais uma variável nessa questão: os hormônios.

Os hormônios são substâncias químicas produzidas por glândulas de nosso sistema endócrino ou por neurônios especializados. Todo ser humano possui os mesmos hormônios, o que muda de um sexo para outro é a quantidade produzida.

O estrogênio é o hormônio feminino que dá a mulher a sensação de contentamento e bem-estar. É responsável pelo desenvolvimento das características femininas como os seios, alargamento da bacia, dando aos quadris um formato largo e a disposição de acúmulo de gordura em determinados locais – isso é necessário, pois a gordura é usada na gestação.

A progesterona é conhecida como hormônio da procriação, é esse o hormônio que prepara o útero para a gravidez e estimula a produção de leite, além de despertar na mulher o desejo de cumprir com eficiência seu papel de guardiã da cria.

A testosterona é o hormônio que ronda o mundo masculino, ele é o responsável pela musculatura, produção de pelos, voz grossa e agressividade. É também esse hormônio o culpado pelo homem pensar em sexo 24 horas por dia.

Na adolescência a testosterona é 15 a 20 vezes mais acentuada no menino do que na menina. É nesse período que o homem cresce de estatura e o índice de gordura é ajustado. A testosterona garante a preparação do homem para a caça, reprodução e luta pela sobrevivência.

Nos homens, a testosterona é liberada durante o dia, já os hormônios femininos são produzidos de forma diferente, vindo em grandes ondas de 28 em 28 dias, alterando a estabilidade emocional e ajustando um excesso de gordura nas ancas – para terror das mulheres. Esse ajuste é um regulador para uma possível gestação. A quantidade de testosterona na mulher é inferior a do homem, fazendo com que, no geral, elas possuam menos impulsos sexuais e sejam menos agressivas.

Existem outros hormônios, mas esses são os mais ligados com o inferno da sexualidade. É o excesso de testosterona que mantém a libido do homem em alta e são os hormônios femininos que podem transformar a TPM em uma maratona de choro, cólicas, sensibilidade e chocolate.

O HOMEM

Existe um mito de que os homens são visuais, essa afirmação é parcialmente verdade. Somos seres visuais e a beleza física nos encanta, isso explica porque gostamos de transar de luz acesa, observando o corpo feminino e porque revistas masculinas fazem tanto sucesso – e não é por causa das entrevistas.

A beleza atrai tanto que os gregos criaram uma deusa só para essa característica – e ela tinha que ser mulher. Mulheres bonitas chamam a atenção até das próprias mulheres e nós não poderíamos ser diferentes – com um agravante de que estamos, ao mesmo tempo, pensando em sexo, mas isso não significa que somente isso importa.

A parte falsa do mito é que apesar do visual agradar não é somente isso que nos faz sossegar em um relacionamento. Uma mulher que foca somente na beleza, sem desenvolver outras virtudes, terá relacionamentos e parceiros frívolos.

O grande erro de muitas mulheres é partir da premissa de que os homens, por serem visuais e movidos a sexo, precisam somente disso para se sentir seguros em um relacionamento, essa ideia errônea as incentivam a emitir os sinais errados, alimentando a ideia de que é suficiente estarem sempre bonitas e prontas para transar.

Nós somos atraídos por mulheres bonitas, fato! Mas é a mulher interessante que importa. Temos a tendência de querer sexo sempre, mas a parte mais sexy em uma mulher sempre será o cérebro.

Com o avanço da liberdade sexual feminina, o sexo ficou fácil de encontrar e os homens passaram a se importar menos com os sentimentos. Existe uma insegurança masculina em demostrar emoções, e, enquanto houver sexo fácil, ele se manterá em sua zona de conforto, escondendo o que sente.

No Período do Romantismo era necessário se expor, precisava falar o que realmente sentia para ser levado a sério por uma mulher, hoje não mais. Deve ser por isso que o homem romântico está em decadência e virou uma coisa brega, ultrapassada – já viram como olham para um homem carregando uma rosa na rua?!

O macho continua tarado e sua motivação e finalidade sempre serão o sexo. O homem se tornou inseguro com a sexualidade feminina com o total controle que a mulher tem sobre o próprio corpo, a possibilidade de transar sem compromisso e sem se preocupar com os rótulos que a sociedade atribui a ela; isso significa que ele pode ser trocado a qualquer momento, basta pisar na bola uma vez.

O medo masculino advém de nossos tempos líquidos, como prega o ilustre sociólogo Bauman. Sofrer por amor é sinal de fraqueza entre os próprios homens, já que temos sexo fácil, por que o homem deveria sofrer por uma mulher? É o mesmo que estar com fome em uma loja de hambúrgueres com bacon com tudo liberado e ficar triste porque não levou sua salada.

Esses são nossos homens modernos e líquidos: um bichinho medroso, inseguro e tarado.

HOMENS e SENTIMENTOS

Um dia me perguntaram se homem sofre, parece uma pergunta descabida, mas mostra o quão incrédulas estão as mulheres em relação aos sentimentos masculinos.

Claro que homens sofrem, todas as pessoas estão expostas ao sofrimento, a diferença é que homens sabem disfarçar melhor suas emoções.

A ciência demonstra que a região do cérebro masculino responsável pela paixão é totalmente separada da área do sexo. É essa separação que explica o porquê dos homens não se apegarem a suas parceiras sexuais. Os homens se apaixonam mais rapidamente do que as mulheres com o intuito primitivo de reprodução, mas diferente das mulheres, essa sensação se esgota em algumas horas.

O homem nasceu com três funções: guerrear, proteger e resolver problemas. E baseado na necessidade de sobrevivência, eles precisaram esconder seus sentimentos e emoções para não passar a ideia de que são fracos ou desequilibrados.

Era preciso parecer ameaçador para manter a integridade dos grupos familiares, dessa forma, os inimigos pensariam duas vezes antes de arriscar algum tipo de ataque. Esse tipo de comportamento é praticado, inconscientemente, até hoje. Em um mesmo ambiente você encontrará homens com "cara fechada", principalmente quando existirem machos que não são do mesmo grupo de amigos. Por isso desenvolveram uma máscara social, aliado com a cultura de que "homem não chora", porque precisa ser forte.

Homens que aparentam ser frágeis, sentimentais demais, sem as características fortes de um macho alfa têm menos chance de conseguir parceiras sexuais. Como tudo relacionado ao homem gira ao redor do sexo, ele aprende desde pequeno a esconder suas emoções, exteriorizando sentimentos apenas de forma negativa: raiva, ódio e agressões.

Se você reclama de que seu companheiro não é carinhoso ou de que não consegue entender se ele, de fato, nutre sentimentos por você, recomendo que leia o capítulo que fala sobre as LINGUAGENS DO AMOR para entender qual a sua linguagem e qual é a do seu parceiro. Ficará mais fácil de entender como funciona a mente masculina quando o assunto são demonstrações de afeto.

MULHERES INDEPENDENTES ASSUSTAM

Certa vez, conheci uma garota que dizia enxergar as coisas de um modo diferente. Onde existia uma rosa no jardim, ela enxergava o jardim que existia na rosa. Quem conviveu com a moça entendia que ela não fazia parte de um todo, o todo era que complementava as suas partes.

Foi difícil aceitar que ela nascera em um mundo de contradições. Na verdade, ela nunca lidou bem com essa ideia, mesmo possuindo uma mente brilhante era incapaz de entender porque os homens tentavam governar as mulheres. Somos mais fortes, ela dizia. Deveria ser o inverso.

Da minha parte, consigo entender porque somos o que somos. Nosso fator é histórico, herança de tempos em que as necessidades sociais eram diferentes. Homens por serem mais fortes iam caçar, e as mulheres, portadoras da semente da vida, precisavam se resguardar longe do perigo. Meninas eram educadas para ser mulheres, já os meninos eram criados para serem homens, apesar de que hoje, alguns homens continuem sendo meninos.

Era apaixonante conversar com aquela garota; o jeito como ela lidava com as pessoas e situações, seu andar ereto, de queixo erguido, a forma como ela era a dona do mundo.

Ela também era assustadora, todos tinham receio de se aproximar dela, não que ela fosse fazer algum tipo de mal, pelo menos não aquele tipo de mal premeditado, era o medo de que um dia ela resolvesse levar uma parte do nosso peito embora e não devolvesse mais. Era isso que nos fazia recuar. Todos corríamos esse risco, era inevitável.

Ela era mulher demais para qualquer um. Os homens que continuaram meninos nunca ousaram mexer com ela, a surra seria grande. Alguns homens, que se achavam homens demais, até que tentaram, mas não aguentaram respirar a liberdade que emanava dela - era asfixiante. Era mais fácil simplesmente desistir e deixá-la quieta em seu canto.

Ouvi dizer que alguém finalmente ganhou o coração daquela garota. Ao lhe perguntarem como havia conseguido, ele respondeu: não se pode aprisionar uma paisagem, apenas admirá-la. Você faz parte dela e ela faz parte de você. Eu apenas aceitei isso.

LIBERDADE

Você já parou para pensar se você é livre?

Você consegue sair com qualquer roupa sem que seu parceiro fique criticando? Consegue falar de seus relacionamentos anteriores sem constranger seu parceiro atual? Consegue ter uma noite com suas amigas sem ciúmes? Consegue colocar um biquíni sem ligar para o que estão pensando sobre seu corpo? Você ao menos tem coragem de falar o que bem entende sem ser constrangida por alguém?

Se sua resposta é "não" para algumas dessas perguntas, então, de fato, você não é tão livre assim como pensa. A sociedade acabou te impondo regras e padrões a ponto de você perder a própria liberdade. A pior parte é que nem você se deu conta disso.

E o que seria liberdade?

Liberdade é você tomar a rédeas de sua vida, é se libertar das amarras que lhe prendem sem que ao menos você perceba. Ser livre é ter consciência do quão forte você é, ser livre é você poder tomar suas decisões sem pedir licença. E isso, mulher, é ter poder.

Ah! Quão bela seria nossa sociedade se as mulheres se dessem conta do poder que elas têm. Você pode achar que o processo para ser livre depende da aprovação daqueles que te assistem de fora. Espera que as pessoas reconheçam em você o seu valor. Sinto dizer que isso não vai acontecer.

Sua beleza não pertence a quem vê, não é um processo de fora para dentro, ao contrário, é um processo que deve partir de dentro de você através de suas atitudes.

Mulher, ACORDA! Ser empoderada não é receber permissão para usar aquilo que já te pertence. Você não é um objeto passivo, tudo o que você precisa já é de sua posse.

Empoderar-se é a capacidade que você possui de provocar em si mesma as mudanças necessárias para evoluir e se fortalecer. Você precisa, antes de tudo, fazer uma autorreflexão: Onde estou? Onde quero chegar? E como fazer isso?

Você deve praticar sua liberdade, se desvencilhar do que te prende e tomar consciência de que a vida é sua e todas as decisões tomadas por você são de sua responsabilidade. A vida é um jogo e você precisa aprender onde colocar suas fichas. Você vai precisar arriscar, criar expectativas, às vezes recuar, e às vezes ceder, mas nunca desistir de ser quem você é.

A vida e a sociedade vão te bater, não vai ser uma jornada fácil e impor suas vontades é uma luta diária, que inclui sempre testar seus limites e o das outras pessoas. Será que vão criar consciência do quão poderosa você é? Aceitar? Você vai cansar em algum momento e vai aprender a descansar. Precisará voltar para seu bem mais precioso: você mesma.

Então aprenda a se amar, pois você é tudo que resta no final. Tudo bem se você se apaixonar por um canalha (quem nunca?!), tudo bem criar expectativas e se interessar por quem não te merece, tudo bem se você se trancar em um quarto com seu gato (de quatro patas), remoendo o fato de ter insistido em um relacionamento fracassado e criado ilusões. A culpa não é sua, é dele, e tudo bem, afinal, você fez sua parte e aprendeu com isso tudo.

A caminhada para a sua liberdade será repleta de riscos, erros e acertos. Você irá sorrir, chorar, amar e odiar, mas faz parte do processo de autodescoberta. Isso é sua vida! Você repetirá os erros até conseguir identificar que o amor verdadeiro vem do seu interior: sua liberdade.

A LIBERDADE SEXUAL FEMININA

A mulher em nossa sociedade sempre pagou um alto preço social pelo simples fato de ter nascido mulher. Por muito tempo, seus direitos como pessoa foram negados, e, socialmente, as mulheres sempre tiveram seu papel diminuído pela cultura machista.

Ser uma mulher e se comportar como uma seguindo os padrões exigidos pela sociedade é uma tarefa difícil, além de ser financeiramente cara.

A sexualidade feminina sempre foi um tabu. Não são poucos os rótulos depreciativos que giram ao redor do sexo e da mulher. Por sempre carregar esse fardo social, a mulher foi educada desde seu nascimento a seguir padrões de comportamento, afim de evitar a desvalorização de sua imagem e de sua família de criação. É forte a imagem pejorativa associada à mulher que com frequência abre as pernas para alguém. Uma mulher de sexo fácil carrega consigo um rótulo machista, dentre outros, de que não é uma pessoa ideal para ser levada a sério em um relacionamento, muito menos para constituir uma família.

Com a luta pela igualdade entre homens e mulheres, o custo social do sexo para a mulher diminuiu ou até mesmo se igualou ao do homem. As mulheres vêm conseguindo se livrar de rótulos que antes eram depreciativos e com a liberdade corporal, podem escolher seus parceiros livremente para o sexo casual, o que antes não era possível. Um efeito colateral dessa liberdade feminina, além dos homens entrarem em greve, é o colapso da instituição do casamento.

Não é coincidência que temos a sensação de que os casamentos mais antigos duravam mais tempo. Antes a união conjugal era iniciada pelos sentimentos, mas era a pressão da sociedade que a mantinha.

Hoje com a liberdade de escolhas os casamentos não sofrem mais pressão externa, necessitando cada vez mais de maturidade emocional para se manter. É preciso um esforço maior do que antes para que o casal continue junto. Ao esfriar a paixão e esquecerem o real motivo que o levaram a ficarem juntos, o companheirismo vai se perdendo, dando abertura para a carência dentro da própria união, eles já não se sentem tão completos assim.

Com a relação andando mal, é natural que passem a procurar a felicidade em outras pessoas. O estopim inicial de toda relação é a atração física. Sendo a mulher livre sexualmente, ela será plenamente capaz de se livrar de seu relacionamento quando bem entender e iniciar um outro baseado somente no sexo.

Se antes o homem se sentia confiante em manter amantes, já que a mulher não tinha essa liberdade sem ser socialmente depreciada, hoje a mulher tem a voz de comando sobre a situação, passando a ter os mesmos direitos, tornando o homem cada vez mais inseguro.

A MULHER LIVRE E O HOMEM

Não consigo definir se foram as mulheres que evoluíram ou os homens que regrediram. O fato é que até alguns anos atrás o sexo era considerado tabu. Para o homem ter uma noite de sexo ele deveria recorrer a duas alternativas: ir a uma casa especializada - geralmente com uma luz vermelha acima da porta ou se enveredar em um relacionamento sério.

Homens que necessitavam provar que eram homens precisavam demonstrar seriedade e isso era feito através do casamento e filhos; onde, a mulher deveria permanecer dentro de casa e o homem detinha para si a responsabilidade de sozinho ser o responsável pelo sustento da família, aliás, tal prática era a forma padrão de mostrar à sociedade que ele era capaz. Seria humilhante para um homem permitir que sua esposa trabalhasse fora de casa, essa situação daria a impressão de que ele não era bom o suficiente para prover seu lar.

Passados os anos, as mulheres conseguiram ser mais ouvidas, tiveram alguns direitos garantidos, como o voto e a inserção no mercado de trabalho. Com essas mudanças, a mulher também passou a ter propriedade de seu corpo e da gestação.

O fato é que os homens ainda têm uma visão machista da sociedade, da própria realidade e qualquer coisa que possa perturbar essa situação traz desconforto. Homens e moleques são capazes das mesmas coisas, a diferença é que um moleque nunca saberá lidar com uma mulher que sabe o que quer, uma mulher livre de ideias preconcebidas, uma mulher que sabe seu valor, uma mulher poderosa.

Homens serão parceiros, além de reconhecer o valor que sua mulher possui, ele a incentivará a brilhar mais. Um homem seguro de si, bem-sucedido e atraente não aceitará uma parceira com um padrão inferior ao dele.

Quando ele encontra uma mulher poderosa, que possui algo a ensinar, o homem garantirá que ela tenha seu espaço, realçando suas qualidades enquanto mitiga os seus defeitos. Para um homem, não existe qualquer problema com o fato de sua companheira ser uma mulher dona de si. Apesar de seus instintos desejarem o poder na relação, ele abre espaço para que sua poderosa companheira possa crescer, porque somente assim ela poderá somar na relação.

Um relacionamento com um moleque é baseado na desigualdade. Meninos cedem aos seus instintos masculinos de comando e posse. No momento em que ele passa da conquista para o relacionamento, tende a desejar a posse da mulher. Para garantir seu "território", ele irá diminuir sua companheira com o objetivo de comandar o relacionamento, almejando o controle sobre a vida da mulher, alimentando sua insegurança e contaminando toda a relação.

O medo dele é que em algum momento ela vá enxergar seu verdadeiro valor e o largue, trocando-o por um outro homem mais interessante. É o valor da mulher e o receio de ser largado, porque ele não está no mesmo nível, o que o afugenta.

Acontece que um moleque não conseguirá fazer isso com uma mulher que tem conhecimento de seu poder e ele sabe disso. Em sua tentativa pelo controle, a mulher independente jamais aceitará a submissão no relacionamento. Isso frustrará o garoto inseguro, que não terá outra alternativa além de tirar seu time de campo.

Mulheres independentes que sabem o seu valor e não aceitam nada menos – são as espanta-garotos. Um homem de verdade saberá aceitar seu valor, não cederá a seus instintos de posse, e ficará ao seu lado.

Existe algumas situações em que a própria mulher gosta de ser submissa ao homem na relação, por isso acaba entrando em relacionamentos abusivos, mesmo que alimente uma falsa felicidade. Depois de alguns anos felizes, a situação acabará ficando insustentável e começará a querer reverter o contexto.

Também existe casos em que a mulher se pergunta: e onde estão os homens de verdade? Eles estão escassos no mercado. Há uma certa verdade nessa afirmação e existe motivos para isso, de um lado é preciso entender porque os homens bons entraram em greve, além de identificar se você é uma mulher interessante o suficiente para atrair um homem de verdade.

HOMENS EM GREVE

"Onde foram parar todos os homens bons?" É o tipo de pergunta que sempre recebo, seguida de reclamações do tipo "homens não prestam" ou "homens são todos iguais".

Mas, afinal, o que aconteceu com todos os homens? Ou melhor, o que está acontecendo?

Sim, homens são todos iguais e se comportam da mesma maneira quando se trata de conquistar ou lidar com mulheres. Mas e se invertermos a lógica da pergunta para: e por que eles mudariam? Qual a necessidade de serem diferentes?

Acredito que a pergunta correta seria: "Por que todos os homens bons entraram em greve?"

A PhD em Psicologia, Helen Smith, publicou uma obra que aborda essa questão. No livro "*Men on Strike*" (Homens em Greve) a autora explora o motivo de "bons homens" estarem em extinção no mercado. Quando uso a expressão "bons homens" aqui, estou considerando aquele homem disposto a entrar em um relacionamento sério, se casar, criar filhos e continuar com a parceira até o fim da vida. O homem típico que leva a sério o termo "até que a morte os separe".

Segundo a psicóloga, um dos motivos para que os homens bons boicotem o casamento é que os estímulos para eles arriscarem um relacionamento sério mudaram.

Com a evolução dos preceitos feministas, não é mais vantajoso para o homem assumir qualquer tipo de relacionamento. Acontece que os homens passaram a ficar cada vez mais acuados com a assertividade feminina. Não que eu ache isso ruim, isso faz parte do processo de evolução de uma sociedade igualitária, mas toda mudança possui suas consequências.

Conheço homens que simplesmente pararam de cantar mulheres com receio de serem acusados de assédio. Por outro lado, escuto reclamações de mulheres afirmando que os homens perderam a atitude.

Na minha concepção, vejo somente a perda de equilíbrio. Homens estão desprovidos de tato para diferenciar cantada de assédio. Não entendem que o excesso, a insistência, é que caracteriza o crime e que existem diferenças entre um "não objetivo" e o "charme". De outra forma, as mulheres querem ser vistas de igual para igual pelos homens, mas, quando se trata de sedução e conquistas, querem viver no século passado, almejando serem cortejadas, esperando a iniciativa masculina. Esse desequilíbrio de conceitos e atitudes é o que deixa os homens confusos quando se trata de interpretar os sinais femininos, exigindo um pouco mais de atitude das mulheres no momento de demonstrarem interesse.

Diante de toda essa confusão de reais intenções, ambos os lados simplesmente desistem de tentar entender o outro. "É muito complicado, por isso prefiro ficar sozinho, curtindo minha vida". A coisa se complica ainda mais quando envolve filhos. Os homens, independentemente de serem bons ou péssimos pais, acabam trucidados judicialmente em relação a pensões alimentícias.

Só a perspectiva de ter seus bolsos depenados por uma pensão já estimula o homem a pensar várias vezes antes de ter filhos. Ele sabe que será julgado simplesmente por ser homem, independentemente se ele é bom ou ruim. E caso não consiga honrar com o compromisso financeiro firmado no tribunal, o destino é a cadeia.

Mais uma vez, quero deixar claro que não estou defendendo nenhum gênero, tenho plena consciência de que ser mãe possui um ônus gigantesco na gestação e criação de um filho, só estou descrevendo a situação sob a ótica masculina, não estou considerando o fator justiça social.

Em um mundo de igualdade de gêneros as atividades precisam ser divididas dentro de casa. Se no século passado o homem era visto como o rei do castelo que saía para trabalhar enquanto a mulher ficava em casa cuidando dos afazeres domésticos e das crianças, hoje os dois saem de casa para trabalhar, os filhos ficam em escolas de tempo integral ou aos cuidados de alguma babá, e, quando retornam, dividem seus afazeres como cozinhar, lavar roupa e talvez dividam as contas, apesar do pensamento, ainda comum, de que as contas da casa são do homem.

Homens que saíram de casamentos complicados ou que foram traídos possuem uma forte tendência a não casar novamente. Aliado a isso ainda temos a liberdade sexual feminina, ficou muito mais fácil para o homem encontrar sexo casual e sem compromisso. Então para a pergunta "Por onde anda os homens bons?" a resposta seria "Por que deveria existir homens bons?".

Com a tecnologia, podemos pedir comida pela internet quando não estamos afim de cozinhar - já tínhamos que cozinhar mesmo, já que as tarefas devem ser divididas -, podemos paquerar usando aplicativos de relacionamento sem sair da cama e contratar alguém para limpar a casa. Teremos comida, casa limpa, roupa lavada e alguns contatinhos para sexo eventual sem compromisso.

Os benefícios não se equiparam aos custos, não vale mais a pena ser um "homem bom para casar".

Entretanto, tudo na vida é um risco, uma competição pela recompensa. Só uma mulher interessante faz um homem sair da greve, pelo simples motivo de ela ser uma pessoa que agrega valor à vida. Ter um relacionamento com uma mulher interessante e leve, faz a mochila da vida parecer mais tranquila. Então, por que não se tornar uma mulher interessante?

MULHER DE INICIATIVA

"SE VOCÊ EXPRESSAR O QUE HABITA EM VOCÊ, ISSO IRÁ SALVÁ-LO. MAS SE VOCÊ NÃO EXPRESSAR O QUE HABITA EM VOCÊ, ISSO IRÁ LHE DESTRUIR.".

Jesus – Evangelho de São Tomé

A mulher quando decide tomar uma iniciativa em relação a um homem, se pergunta o seguinte: o que ele vai pensar?

Respondo rapidamente: quem espera acontecer deve aceitar o resultado que vier.

Apesar de mulheres lutarem pela igualdade, algumas ainda nutrem a preferência em serem cortejadas quando se trata de relacionamentos amorosos. O homem é quem deve tomar a iniciativa. Esse é um pensamento clássico e não existe nada de errado em manter essa ideia. É uma questão simplesmente de gosto. O problema começa quando você realmente está interessada em um homem, mas ele não faz nada para que algo aconteça. Sua preocupação no momento é resolver a cruel dúvida: Será que ele não percebeu que estou a fim ou será que ele realmente não está interessado?

Sempre acreditei que devemos procurar nossa felicidade e usar todos os artifícios necessários para chegar lá. Se antes a mulher deveria esperar ser cortejada, muitos homens têm perdido esse hábito ou são desestimulados por uma ampla gama de motivos. De qualquer forma, você como mulher, deve entender que atualmente também faz parte da arte da sedução. E seu principal receio é de que tomando a iniciativa se exponha ao inflar o ego masculino.

O QUE OS HOMENS PENSAM?

Homens sempre conversam entre si sobre suas conquistas. Em uma dessas conversas, um dos meus amigos falava em como tinha encontrado uma garota no Instagram e como fluía o papo com ela. Uma conversa que começou com um "oi, tudo bem?" e evoluiu para uma troca de números do WhatsApp. Enquanto ele estava vidrado na tela do celular, perguntei quando ele a chamaria para sair. Foi o único momento em que ganhei sua atenção. Ele descolou a cara do celular, virou os olhos para mim, carregados de um brilho estranho, abriu um sorriso meio cafajeste e respondeu: eu não preciso, ela mesma me chamou, vou encontrá-la amanhã.

O motivo do sorriso eu sabia era o ego acariciado mandando a mensagem de que ele se sentia atraente naquele momento, sobre o estranho brilho no olhar eu apenas desconfiava, ele estava levando a sério aquela garota; tive a certeza disso depois de escutar por trinta minutos os elogios que ele fazia a ela.

Vou deixar claro uma coisa, quando se trata do pensamento humano, nunca podemos assumir que sabemos como isso se traduzirá em palavras. É necessário que você, como mulher, sempre tenha a sensibilidade para distinguir as reais intenções que se passam por trás de atitudes. Apesar de não ser possível sempre prever o pensamento do homem, ainda é possível diferenciar o comportamento masculino, a grosso modo, em dois tipos: o homem e o menino.

Homens que foram criados por outros homens ou precisaram se tornar homens pensam de forma diferente daqueles criados por pais super protetores e que desenvolveram a carência, insegurança e medo do abandono, leia-se narcisistas.

O menino quando esbarra em mulher decidida e de iniciativa, se sentirá acuado. Apesar de sempre desejarem uma mulher que saiba o que quer, uma mulher poderosa inspira medo. E esse medo não está associado com a iniciativa em si, mas com a perda. Explico melhor. O menino se tiver interesse, aceitará a iniciativa feminina e sentirá seu ego massageado. Afinal, quem não gosta de ser cortejado quando a atração é recíproca? Acontece que acompanhado dessas cócegas no ego, surgirá também uma semente da dúvida: se ela fez isso comigo hoje, em qualquer momento ela fará com outro se eu vacilar.

Veja bem, meninos são inseguros, medrosos e ansiosos. E qualquer situação que alimente esses defeitos dará asas a tentativa de chamar a atenção usando palavras para te diminuir. Todo discurso de desprezo é um ato de desespero para se elevar ao seu nível. Nunca caia nessa. A educação clássica tende a separar os costumes e hábitos por gênero masculino e feminino. Enquanto meninas são incentivadas a brincar de princesa, sempre na espera de seus príncipes montados em cavalos brancos – alimentando a ideia de submissão –, os meninos assistem a desenhos de luta e de guerra, visando poder, autoridade e conquista.

É na conquista que está o gatilho emocional do que os homens de verdade acham de mulheres de iniciativa. Aquele homem interessante, consciente de si e de suas emoções, já sabe o que quer de sua vida e de sua parceira. Homens desse tipo sabem quando você está fazendo algum tipo de jogo de sedução ou o "charme" – você quer, mas não quer ser a "fácil" e é por saber as regras do jogo que eles se cansam facilmente.

É preciso que você dispare o gatilho corretamente, e, para isso, a sua abordagem não pode ser direta. A sensação que você deve passar é de que foi ele quem te conquistou e não o contrário. Se você for direta demais, tira do homem aquele gostinho da conquista masculina e provavelmente ele não vai te levar tão a sério. O que vem fácil, vai fácil. Por outro lado, bancar a difícil demais não valoriza seu passe, ele sabe que você está a fim e que só está dificultando as coisas e se as coisas já começam difíceis, imagina dentro de uma relação.

Deixo um alerta em relação ao sexo. Não é porque você conheceu um homem interessante e decidiu bancar a poderosa sem realmente se sentir segura de si que você deve colocar o carro na frente dos bois, queimando todas as etapas e indo direto para a cama na primeira investida dele.

Aprender a se relacionar é uma questão de equilíbrio. Na dúvida, sempre opte pela escolha em que você se sinta bem. Seja sempre você e evolua aos poucos. Uma lagarta não se transforma em borboleta de um dia para o outro. Tudo é um processo.

RELACIONAMENTO ABUSIVO

O amor hoje é bem diferente de tempos atrás. Afirmar isso é dizer que uma mesma verdade muda com o tempo. As pessoas mudam, a sociedade muda e a verdade se torna relativa.

O filósofo Pascal cita em um de seus textos a metáfora dos quadros. O pensador fala que existe um quadro que é visto de longe por algumas pessoas e de perto por outras. Cada um dos observadores possui uma percepção diferente do mesmo quadro, levantando a questão: quem de fato possui a perspectiva correta da imagem? As pessoas que estão vendo de longe ou as que observam de perto?

Independentemente da solução, existe apenas uma verdade na história: existem pessoas que estão longe e outras perto.

Por que usei esse pensamento para introduzir o tema sobre relacionamento abusivo? A pessoa que vive um relacionamento abusivo é aquela próxima do quadro e que possui uma visão totalmente diferente das que observam de longe. Não é incomum que pessoas que vivem uma relação abusiva, não se deem conta de que se encontram em uma prisão emocional. Elas passam a acreditar em uma outra verdade, uma verdade criada por sua noção de realidade. Tornam-se prisioneiras de si mesmas, ruminando migalhas de atenção através das grades da carência afetiva.

Quem poderia dizer que um dia uma declaração de amor seria a edição de um status em uma rede social? Ou até mesmo que uma ligação de telefone para dizer que sente saudades seria o ápice da demonstração de carinho?

Antes de tratar um relacionamento abusivo, você precisa identificar se vive um. E aqui faço um adendo. Pode ser que você não vivencie nenhum dos pontos citados abaixo, mas, se seu parceiro sim, então você é que o mantém em um relacionamento doente. Sim! Homens também sofrem relacionamentos abusivos e você é quem precisa de tratamento.

Todo relacionamento abusivo começa com uma pessoa desequilibrada emocionalmente. Um homem inseguro, mal resolvido, traumatizado e ansioso transformará essas características em impulsividade, raiva e ciúmes. Por se sentir inferior, ele tentará controlar toda a relação, mantendo sua vida sob uma infernal vigília, sufocando-a emocionalmente.

A origem dos abusos em relacionamentos está na dependência emocional do parceiro e na incapacidade de enxergar os sinais corretamente. Na maior parte dos casos, a origem da dependência emocional está na formação do caráter e na criação dos pais. É nessa fase que pais super protetores, controladores ou funcionais deixam sua marca.

Os pais controladores passam a ideia de que você precisa ser perfeita para ser amada. Existe uma quebra de autonomia da criança. Os pais até permitem que ela faça as coisas, desde que da maneira correta. Dessa forma, a criança passa a executar tarefas esperando a aprovação dos pais. Ao crescer, essa criança vai transferir essa busca por aprovação para o companheiro: eu faço, desde que você aprove.

Pais super protetores insistem na ideia de que você não pode se virar sozinha. Para pais assim, todo o mundo é uma ameaça para o filho. E por prezar demais a insegurança, a criança cresce sem desenvolver habilidades de sobrevivência.

E os pais funcionais oferecem somente o necessário, sem afeto ou demonstrações de amor. Você deve se esforçar bastante para receber algum carinho e mesmo assim não se sente merecedora. É uma criação ríspida e um tanto ignorante. Os pais até oferecem condições para a criança, não a tratam com descaso, mas ela não se sentirá amada. Dessa forma ela incorrerá em tentar chamar a atenção de todas as formas em busca de qualquer gesto de afeto dos pais que signifique alguma manifestação de amor. Crianças assim se tornam adultos emocionalmente carentes, buscando sempre atenção e se esforçando ao máximo para se sentirem amadas.

Não importa a origem da sua dependência, no final o resultado é que o medo de ser abandonada ou nunca ser amada por alguém vai rondar seu consciente e impactar diretamente nas suas atitudes e escolhas. Seu parceiro vai notar isso e se aproveitar dessa sua carência afetiva. Vai explorar aos poucos esse seu medo de ficar sozinha e lentamente minar sua liberdade.

Inicialmente será físico, você terá necessidade de ficar com ele e não se cuidará mais. Depois espiritual, você será submissa e sempre buscará a aprovação em todas as ações que tomar. Finalmente financeiro.

Ele não permitirá que você avance em sua vida profissional ou acadêmica. Por um ciúme romantizado, ele te proibirá de ter um trabalho, de fazer um curso ou uma faculdade.

O pior de tudo é que mesmo com sua relutância você aceitará essa submissão. Você sabe que está em uma situação incomum, mas não possui meios para sair dela. É como morrer afogada, mesmo sabendo nadar, mas sem ter forças para se manter na superfície.

Você mergulha tão fundo nesse buraco que seu sustento está nas mãos do parceiro. E aqui começa a pior parte do relacionamento abusivo. Você precisa sobreviver. E foi impedida de usar suas ferramentas de sobrevivência.

Você não é mais a mulher interessante que ele descobriu. Se ele te conheceu na academia, passa a se sentir ameaçado se você continua treinando, afinal, você deu mole para ele no treino, por que não faria com os outros caras? Mas, se você era interessante para ele justamente porque treinava, quando você desiste dos treinos por conta da insegurança dele, automaticamente se torna desinteressante. A insegurança dele acaba te contaminando. E se ele está doente emocionalmente, isso acaba afetando a sua relação e por fim você.

Entenda o seguinte, ele tem uma "doença" emocional, você entra em um relacionamento com esse cara, às vezes sabendo disso, com a esperança de tentar ajudá-lo. Você se deixa levar pela situação e não percebe que ao romantizar o ciúme e a carência, você está criando sua própria prisão de emoções. Você sofrerá, por isso, mas o tempo todo a chave estará em suas mãos. Falta somente superar o medo de usá-la e deixar para trás o que te faz mal, ou seja, ele.

Alguns sinais que indicam um relacionamento abusivo:

1.CIÚME DOENTIO
– "Faço isso porque te amo demais";
2.CONTROLE
– "Manda foto agora";
3.FALTA DE PRIVACIDADE
– "Quero a senha de seu celular";
4.DISTÂNCIA DE OUTRAS PESSOAS
– "Não confio nas suas amigas";

5.MANIPULAÇÃO
– "Se não voltarmos vou me matar";
6.INFERIORIZAÇÃO
– "Eles só te tratam bem porque querem transar com você";
7.FALTA DE DIÁLOGO
– "Aceite o que eu falo e ponto final";
8.DEPENDÊNCIA FINANCEIRA
– "Não precisa trabalhar, eu assumo as contas";
9.USAR OS FILHOS
– "Se não fizer o que eu mando, levarei nossos filhos embora";
10.ABUSO SEXUAL
– "Você é minha esposa, é obrigada a transar quando eu quiser";
11.VIOLÊNCIA FÍSICA
– "Estou te batendo para você aprender";

Um relacionamento abusivo nunca se mostra de início. Tudo começa com uma pequena crise de ciúme, depois vem a cobrança de "fotos de agora", porque não confia na sua palavra e quer saber por onde você anda e se está falando a verdade.

Depois começa a te afastar de amigas e amigos, também não confia neles e diz que são má companhia. Em suas conquistas, ele te inferiorizará para se igualar a você. Com o aumento da intimidade, ele te convence de que você deve sair do trabalho ou largar os estudos, porque ele quer te dar uma vida de princesa, sendo ele o responsável por todo o dinheiro da relação.

Nesse ponto não se tratará mais de um relacionamento. Você será obrigada a aceitar, sem argumentar, todas as decisões dele, pois passará a ser uma questão de sobrevivência. Sem ele, você não terá condições de suprir as necessidades básicas da vida, como se alimentar, já que você não tem estudos nem trabalho e nem dinheiro. É uma vida muito medíocre alimentar um relacionamento esperando que um dia seu parceiro possa mudar. Muitas acham que sabem que ele não é daquele jeito, porque no começo ele agia de forma diferente, era a fase da sedução e ele vestiu uma máscara para te convencer a ficar com ele.

Mas essa é a versão verdadeira dele, as máscaras caem e as primeiras impressões ficam. Hoje a mulher tem mais chance de morrer nas mãos de um relacionamento abusivo do que em um acidente de carro ou de uma doença terminal.

E como se livrar de um relacionamento abusivo?

Você precisará de ajuda especializada. O ponto de partida sempre será o desenvolvimento da inteligência emocional, da maturidade e cultivo do amor-próprio. Essas ferramentas são necessárias para que você possa expandir seu poder de decisão, impor suas decisões e não se deixar levar impulsivamente pelas emoções que podem estar afetando o seu julgamento.

Você está vendo o quadro de perto com uma visão e verdades limitadas. Você aprenderá a enxergar esse mesmo quadro de longe e decidir em qual verdade acreditar.

DEPENDÊNCIA EMOCIONAL

Da carência decorre a dependência emocional. A origem dessa dependência é complexa e pode ter sido causada por diversos fatores. O perigo dessa condição é que nem sempre o dependente possui ideia de que sofre disso.

Faça uma autoanálise e verifique se você é uma carente afetiva. Verifique se você se sente insegura ao tomar decisões, sempre à mercê de seu companheiro. Não se sente interessante ou se sente inferior aos outros. Não consegue ficar solteira, sempre pulando de uma relação para outra. Não possui amor-próprio e não tem interesse em se cuidar. Sempre se coloca em segundo plano, esperando a aceitação e reconhecimento de outras pessoas. E finalmente, tenta chamar a atenção de todas as formas, tornando-se uma parasita emocional.

Apresentar esse tipo de comportamento de modo esporádico não é significativo. Mas se você vivencia essas situações de forma constante, você é uma dependente emocional. Procure ajuda.

AMOR-PRÓPRIO

"SEM O AMOR-PRÓPRIO NENHUMA VIDA É POSSÍVEL, NEM SEQUER A MAIS LEVE DECISÃO, SÓ DESESPERO E RIGIDEZ."

Hugo Hofmannsthal

A seção sobre "Quem sou eu?" foi um dos textos que mais me fez refletir ao produzir este livro, mesmo que possa não parecer. Até eu começar a escrevê-lo achei que seria uma tarefa fácil, mas não foi.

Eu falo em minhas redes sociais (@MENINAJOGUESE) sobre empoderamento, sobre como construir o amor-próprio, sobre maturidade emocional e sobre a visão masculina, respondendo para as mulheres como os homens pensam. Não sou o único que faz isso. Existem inúmeras pessoas que desempenham o mesmo papel que eu e talvez bem melhores. Mas algo que me incomoda sempre que leio matérias sobre esses assuntos é que da forma como são descritos os temas e por quem é dito, fica parecendo que simplesmente nascemos com as respostas para desenvolver inteligência emocional.

A sensação é de que todos já nasceram se amando que nenhum de nós sofre, e que, por algum motivo, somos algum tipo de super-humano com controle e equilíbrios emocionais em dia. A verdade é que a aparência está bem longe da realidade.

Ensinamos ferramentas psicológicas, recursos e dicas de como se tornarem autossuficientes no amor, mas que talvez nunca tenhamos utilizado.

A primeira coisa que as pessoas fazem quando possuem questões a serem resolvidas é procurar a solução na Internet. Ao se deparar com textos de vários autores, muitas pessoas acabam desistindo de buscar ajuda por achar tudo muito complicado ou raso demais.

Eu não tenho as respostas para todas as questões existenciais como os coachs especialistas em vida galáctica atômica do futuro – alerta de ironia, sabe que sou anticoach, certo? Mas uma coisa que aprendi é que a verdade é relativa para cada um. O que me parece certo, talvez não seja para você e o que te parece verdadeiro em sua essência, pode não ser para mim.

O que de fato ocorre é que a verdade pertence a cada um e ela deve ser construída individualmente. As verdades que eu sigo e que pertencem a mim fui eu mesmo que construí. E como eu fiz isso? Levando e dando rasteiras na vida. É tudo uma questão de tentar, errar, aprender, errar de novo, aprender com o erro dos outros e tentar até não errar mais e se errar, saber porque errou.

Não vou prometer que você vá conquistar seu amor-próprio hoje ou na próxima semana, mas quero te ajudar e se você está por aqui, já é um baita primeiro passo. Vamos começar.

Tenho uma simples pergunta que você deve responder da forma mais sincera possível...

QUEM É VOCÊ?

Não quero dizer "a pessoa que você gostaria de ser" ou "como as pessoas te enxergam". A pergunta é simples e objetiva: quem é essa pessoa que vive dentro de você? Sem máscaras, sem armaduras ou qualquer tipo de proteção.

Faça uma reflexão. Por muito tempo eu usei uma máscara. Escondia minha carência e necessidade de atenção, meu espírito narcisista nascido de um ferimento do passado. Chegou um momento em que eu não sabia mais quem eu era de verdade. Eu me perdi no personagem que eu mesmo criei.

QUEM ERA EU?

Depois de anos com essa mutação entre o verdadeiro eu e minha máscara, fui notando que minhas atitudes afetavam negativamente muitas pessoas. Apesar de ainda ter bons amigos, meus relacionamentos eram intensos e passageiros e alguém sempre saía ferido emocionalmente e nunca era eu.

Um pedaço de mim sempre morria em toda lágrima que brotava de alguém por minha causa. E em cada pedacinho, eu me escondia cada vez mais por trás de um personagem que parecia ser durão demais, até para mim.

Cada vez mais eu me enganava achando que era esse tipo de pessoa que eu deveria me tornar. Que era esse tipo de pessoa que sobreviveria nesses tempos líquidos. Eu me enganava e toda vez que me enganava, mais eu me escondia em uma cova profunda. O efeito colateral disso eram relacionamentos rasos e rápidos, bebedeiras, drogas e muitas lágrimas. No fim, eu já não sabia responder essa pergunta e precisei mudá-la para outra questão: o que eu me tornei?

Eu sabia no que eu havia me transformado e não estava gostando mais do caminho que estava trilhando. Eu precisava recuar e seguir por outra estrada. Uma trajetória que me levasse ao meu verdadeiro eu.

O primeiro passo foi perdoar mentalmente todas as pessoas que me feriram ou tentaram me ferir. Simplesmente resolvi deixar para lá qualquer mal que me fizeram. O segundo passo foi o mais difícil, eu precisei me perdoar. Essa parte foi a mais complicada porque eu tinha que aceitar que fiz mal para alguém. Eu tinha que assumir a culpa e os erros que cometi.

Um dos problemas que nos prejudica muito é nossa incapacidade de assumir erros. Somos incapazes de aceitar que somos imperfeitos e que podemos prejudicar pessoas com as atitudes que cometemos.

Nelson Rodrigues dizia: "O ser humano é cego para seus próprios defeitos. Jamais um vilão do cinema mudo proclamou-se vilão. Nem o idiota se diz idiota. Os defeitos existem dentro de nós, ativos e militantes, mas inconfessos. Nunca vi um sujeito vir à boca de cena e anunciar, de testa erguida: - Senhoras e senhores, eu sou um canalha".

Aceitar que erramos mexe com nosso ego, nos faz sentir inferiores e não merecedores de perdão, mesmo que seja o nosso pedido de desculpas.

Eu consegui resgatar a minha pessoa. Lembrei-me de quem eu era. Uma nova pessoa, sem pesos, sem máscaras. Recomendo que você tente fazer o mesmo. É difícil no começo, talvez você pense que não será capaz, mas sim, você é capaz, todos somos. Sua libertação começa agora.

O AMOR

Ah, o Amor!

Um tema tão antigo e tão complexo que nunca sai de moda. Talvez porque ele ainda seja tão incompreendido até os dias de hoje. Não vou tratar do amor em sua totalidade, mesmo porque esse tema, por si só, daria um livro completo. Proponho aqui apenas arranharmos a sua superfície a fim de colhermos o entendimento de qual caminho seguir.

Amor é um dos assuntos mais agradáveis e íntimos. Algumas pessoas apontarão experiências mais apaixonadas do que amorosas, algumas boas e outras ruins, com o propósito de relatar e embasar a sua própria visão do amor. Mas será que sabemos realmente do que se trata esse sentimento?

Amor e paixão são duas coisas distintas. Você não escolhe por quem se apaixona, mas amar é uma decisão.

Para a psicologia, a fase da paixão dura de três a dezoito meses. Após esse período a paixão acaba ou se dilui e somente a base da relação formada por vocês vai definir quais serão os próximos passos.

Você estará disposta a se sacrificar por ele? Ele está disponível exclusivamente para você? Nesse momento os impulsos apaixonados cessam e a escolha de desejar cultivar o amor passa a ser toda sua.

Amor é companheirismo, reciprocidade, sacrifício e igualdade; igualdade porque não existe amor quando um dos lados tenta assumir o papel de superioridade na relação. Carl Jung, psiquiatra suíço, afirma que onde o amor impera, não há desejo de poder e onde o poder predomina, há falta de amor. Um é a sombra do outro.

Amor é sacrifício, pois é necessário ceder para poder ganhar. É aqui que você se torna vulnerável, quando você é capaz de exibir sua fraqueza para alguém sem que isso seja usado contra você.

Todo amor exige reciprocidade. Você busca se completar enquanto preenche o outro, e para isso, ele também precisa estar disposto a oferecer, e sobretudo, a receber.

Na fase apaixonada é quando nasce o carinho e o respeito pelo outro. Suas atitudes e gestos levam-no à admiração e com isso surge a pré-disposição a se arriscar. Não existe uma forma de falar de amor sem falar de riscos. Viver é correr riscos sempre e o amor é vida.

Tornar-se vulnerável inspira companheirismo, você confia no outro, cede e participa de suas decisões. Vocês passam a conviver. Só assim você terá uma maior compreensão de seu companheiro. A busca de um tempo de qualidade entre os dois é essencial. Ele tem uma vida e você quer participar disso e espera que ele faça o mesmo.

A ciência já provou que o homem consegue diluir rapidamente a sensação de paixão, enquanto nas mulheres essa sensação dura por mais tempo. O resultado disso é que os homens são mais desapegados, apesar de se apaixonarem por mais vezes. As mulheres são mais racionais no sentido de escolherem melhor por quem se apaixonam, e, quando isso acontece, a emoção é mais intensa e duradoura.

A explicação desse comportamento é evolucionária. Para a biologia, a paixão não passa de um instinto primitivo de procriar. Objetivo primário de todos os seres vivos: garantir a sobrevivência da espécie.

Filosoficamente falando, o amor já foi tratado como uma doença da alma fazendo os seres humanos cometerem loucuras em nome dos seus amados. De uma forma mais poética, a paixão é uma atração pela ideia que você criou de uma pessoa, enquanto o amor é a aceitação de que alguém te completa.

Encontrar o amor não significa ser feliz. Esse pensamento equivocado tem feito muitas mulheres acreditarem que a felicidade está em um relacionamento. Isso as faz focar em procurar alguém, desviando a atenção de si mesmas e muitas acabam entrando em um relacionamento fracassado por alimentar uma esperança de que um dia as coisas possam melhorar. Na minha visão, essa é uma forma bem medíocre de levar a vida.

O Amor possui muitas facetas. Os gregos utilizavam três palavras para designar os diferentes amores: *eros*, *philia* e *ágape*.

O amor *ágape* é o mais recente de todos e representa o amor incondicional, o amor santo, o amor utilizado pelos cristãos para representar Deus. Se doar sem receber nada em troca.

O amor *philia* representa o amor fraternal, o amor que você sente por um amigo, pelos animais e objetos de seu interesse.

Já o amor *eros* é a carência e a paixão amorosa. É o amor que mais causa confusão por ser mais forte e fruto de sofrimentos demasiados.

Segundo Platão, o amor *eros* seria aquilo que nos faz falta e só podemos amar aquilo que não temos e desejamos. É o amor mais fácil, violento e egoísta: eu te amo, eu te quero, eu te desejo. Egoísta pois não espera a reciprocidade acontecer; é uma via de mão única.

Independentemente do tipo de amor sentido, levanto a questão: Existe um amor sem interesse? Você ama o dinheiro ou o que ele possibilita? Você ama a coisa ou aquilo que ela pode lhe proporcionar?

Não existe interesse sem amor e qualquer outro só tem interesse à proporção do amor que lhe dedicamos ou nele encontramos. Portanto, você só ama aquilo que lhe interessa e quando se perde o interesse, perde-se o amor. Dizia Spinoza: "Toda a nossa felicidade e toda nossa miséria residem num só ponto: a que tipo de objeto estamos presos pelo amor?"

O Amar é manifestado através do cuidado e da proteção. Não importa o tipo ou a origem do amor, ele sempre será sinônimo de sacrifício, afeto, conexão e divindade.

ENTÃO VOLTEMOS AO NOSSO PRIMEIRO AMOR

"COMO VOCÊ AMA A SI MESMA É COMO VOCÊ ENSINA A TODO MUNDO COMO TE AMAR."

Rupi Kaur

O amor-próprio é o amor que nutrimos por nós mesmos.

Muitas vezes, por causa de fraquezas antigas, de crises mais recentes, as pessoas não conseguem defender seus interesses para satisfazer suas necessidades.

Ter amor-próprio não significa que a pessoa deva ter sempre seus desejos satisfeitos, ser egoísta ou se diminuir. O amor-próprio faz com que as pessoas ajam positivamente, evitando pensamentos antigos.

O amor ao outro se entende como afeto, proteção, confiança e segurança. Amar a si mesmo é praticar tudo isso, sem se desgastar, nem se isolar através de muros emocionais altos demais para serem escalados.

Quem se ama de verdade busca o controle emocional, procura compreender outras pessoas para, enfim, se compreender. Sente-se estimulado a fazer as pazes com a vida e não se deixa levar pela opinião alheia, dispersando a raiva e o rancor.

Os cristãos bem dizem: "ame o próximo como a si mesmo". Ora, o amor agrada a todos e é preciso amar a si mesmo, sempre! Senão, como poderiam nos pedir para amar o próximo como a nós mesmos? Se perdermos a capacidade de amar a nós mesmos, como podemos exigir que os outros nos amem?

Mas, cuidado, amar somente a si mesmo é uma experiência perigosa. O excesso de amor-próprio pode trazer consequências que te farão muito mal, como a frieza, a falta de empatia, o orgulho demasiado, a cegueira sentimental, a criação de muros (medo), a falta de amor e, por fim, a falta de felicidade. Tenhamos parcimônia.

Mas do que se alimenta o amor-próprio?

Assim como amor por outra pessoa, o processo de se amar é uma construção diária. Resgatar atitudes como o autoconhecimento, o poder do não, a autoaceitação e a autoestima é um ótimo início para criar um amor para ser chamado de seu. É o começo de todas as coisas. É preciso se amar para que você possa viver o incrível.

NUTRINDO A AUTOESTIMA

Nutrir a autoestima é o primeiro passo para o desenvolvimento do amor-próprio. Não é uma tarefa fácil e precisa de exercícios diários de aceitação. Alguns dias serão bons e outros ruins sem motivo, mas tudo faz parte da vida. Claro que nesse caminho você terá algumas recaídas e escorregadas, mas é assim que tudo é construído. Com erros e aprendizados.

Uma das atividades é buscar o autoconhecimento. Você precisa entender suas limitações para desafiá-las com o intuito de sempre melhorar. Para auxiliar seu reconhecimento você deve fazer uso do conhecimento externo. Buscar informações em livros, filmes e profissionais da área, como um psicólogo.

Ao se conhecer e conhecer o mundo externo, você passará a descontruir suas crenças limitantes. Aquelas crenças que foram enraizadas durante sua educação e formação do caráter.

Você é uma mulher passiva que não toma iniciativa ou boazinha demais e não sabe dizer não? Acredita que mulheres devem ser servidoras e submissas? Acha que a felicidade está em encontrar um homem como nos contos de fadas? Elimine essas ideias. Elas estão limitando seu crescimento e evolução.

Procure a leveza e não cobre muito dos outros, muito menos de você mesma. Evite julgamentos que inferiorizem outras pessoas. Ao criticar os outros, você acaba expondo um medo seu, uma intimidade, pelo qual você tem receio de ser julgada.

Use referências! Procure pessoas para se inspirar e que conquistaram sua admiração e respeito. Não existe uma forma de você criar uma imagem de si mesma sem conhecer onde quer chegar.

Afaste-se de pessoas que não possuem as mesmas afinidades. Por priorizarem coisas que você não julga importantes, talvez deixem você com a impressão de que está no caminho errado. Seu cérebro comprará a ideia e você se sentirá inferior por não ter aquilo que julga ser essencial. Se seu ciclo de amizades valoriza demais o uso de roupas de grife, baladas, repugnância por estrias ou celulites, inconscientemente, em algum momento, você passará a dar importância demais a isso, bombardeando sua autoestima.

Procure dar conselhos a si mesma como se fosse para uma amiga. Use o bom senso. Se você considera que não é tão importante aquela espinha gigante que sua amiga está exibindo no barzinho, por que você cobraria isso de você mesma? Não se julgue tanto e, se o fizer, seja justa.

Lembre-se sempre de suas qualidades, melhore suas imperfeições e aceite que você é boa em algumas coisas e péssima em outras, como todo mundo. Um peixe não pode ser julgado pela habilidade de subir em árvores, assim como um macaco não deve ser inferiorizado por não saber nadar. Você tem seu valor, explore-o.

Compreenda que sua autoestima vai sempre oscilar. Aceite a negatividade de um dia ruim e use a racionalidade para lapidar o aprendizado. Pergunte-se: será que você está tão ruim quanto imagina?

Aceitar que o negativo faz parte da vida assim como o positivo é amadurecer emocionalmente. Pratique isso todos os dias. E não tente se sabotar. Não use seus traumas do passado e experiências ruins para acreditar que você não é digna de felicidade e estima.

Nunca caia na ilusão da síndrome da princesa encantada. Os contos de fadas construíram uma imagem de que mulheres devem esperar por um príncipe encantado, lindo, rico e montado em seu cavalo branco. Essa idealização não existe na vida real. E por vezes, você acabará se apaixonando mesmo é pelo cavalo do príncipe.

Homens sofrem do mesmo mal. Cresceram idealizando as mulheres das capas da Playboy. Assim, da mesma forma que eles não podem ser seu príncipe encantado, você não pode ser a peladona da capa de revista, aceite-se como você é.

AUTOCOMPAIXÃO E AUTOESTIMA

A compaixão é um sentimento piedoso de simpatia, acompanhado da necessidade de tentar diminuí-la. É um impulso de altruísmo associado à tragédia alheia. Você se torna simpático. Um sofrimento que parte da compaixão.

Esse sofrimento não significa que você esteja sentindo uma dor real. Pensamentos como "eu gostaria de ter um corpo melhor" ou "gostaria de me dar melhor em meus relacionamentos" retratam a falta de algo que você deseja. E essa falta resulta em sofrimento, pois você tem escassez da coisa desejada.

Desse sofrimento surge a compaixão. E você utilizará do seu conhecimento para amparar essa dor. Toda dor precisa de uma ação, de uma atitude e você deve agir para liquidar essa falta.

É nesse momento que você desenvolve o conhecimento sobre si mesma, entendendo o que te faz falta e encontrando o seu valor. Naturalmente você não aceitará que te tratem pior do que você merece. Então, por favor, tenha compaixão por si mesma e se ajude.

AS ARMADILHAS DO AMOR-PRÓPRIO

Em um primeiro momento parece ser fácil definir o termo amor-próprio: amar e cultivar o amor a si mesmo. Mas, se é tão fácil assim, por que temos dificuldade em nos amar? Por que, mesmo sabendo que nos fará mal, nos entregamos às pessoas que só nos arrastam para baixo?

É nesse tempo que acabamos desistindo dos outros e de nós mesmos. Carregamos traumas de relações frustradas e nos fechamos para grandes oportunidades. Criamos muros em vez de pontes.

"Não consigo notar minhas asas" significa que você não consegue apreciar sua própria beleza. E se você é incapaz disso, não vai conseguir se amar. E essa incapacidade se agrava ainda mais quando se está no fim de uma relação malsucedida.

Isso explica porque é tão difícil amar a si mesmo logo após levar um pé na bunda. A sensação que você carrega é a de que não serve para o outro. E se você não serve para os outros, dificilmente servirá para si mesma. Esse tipo de sentimento alimenta a autoaversão e nesse ponto deve-se ter muito cuidado para não cair em um ciclo vicioso de autodepreciação.

Para sair dessa encrenca, muitas pessoas tentam substituir um amor por uma paixão rápida e desesperada. Isso nem de longe é a solução, por dois simples motivos: o sentimento não tem base para se sustentar e você está na busca de algo que te aprove, algo externo a você, não um amor fundamentado em sentimentos.

No outro extremo do amor-próprio está o medo exacerbado e o orgulho. Após descobrir seu valor e cultivar o amor-próprio, dificilmente você se entregará tão facilmente para o próximo idiota. Você terá receio de perder tudo que construiu em si mesma e se sentirá tão centrada que todo o resto não será bom o suficiente para você.

Mais uma vez você vai construir muros e dessa vez estará cega pelo próprio brilho. É nesse contexto que entra a humildade e o bom senso. Ser empática com os outros e usar suas experiências fará com que você saiba diferenciar oportunidades de embustes. O equilíbrio é a chave.

Portanto, cultive o respeito, a humildade, cultive o amor-próprio e elogie você mesma suas asas.

SIMPATIA E EMPATIA

Se você comprou este livro, acredito que você tenha interesse em entender melhor o pensamento dos homens, correto?

Para entender os homens, primeiro você precisará entender o que pensam e porquê. Ao adquirir esse conhecimento, será possível se colocar na posição dele.

A simpatia atrai a paixão. Pessoas se apaixonam pela forma como são tratadas. São atitudes que acionam os gatilhos emocionais dos apaixonados. Quando buscamos algo para nos complementar, estamos nos apaixonando ou nos permitindo.

A simpatia é o início do contato. Ao ser simpática com alguém, você passa a impressão de que pode ser também empática e entender como ele se sente. Isso é atraente, porque atrai interesse com atitude da simpatia. Ter a ideia de encontrar alguém que possa entender nossas dores e nossos problemas ao ponto de poder partilhá-los é encantador.

Passamos boa parte da nossa infância e adolescência, enclausurados em nossa própria consciência. Nosso conceito de mundo ainda não é recheado de experiências e somente aprendemos com a tentativa e erro.

Um dos benefícios de se praticar a empatia e se colocar no lugar do outro é o aprendizado que isso traz. Precisamos analisar as coisas por outra perspectiva e aprender com o erro dos outros para evoluir. Ora, se algo que ela fez não deu certo, provavelmente comigo também não dará, exceto se eu fizer de outra forma.

O sucesso também segue essa linha. Se algo deu certo para alguém, posso adaptar ao meu jeito e ter um resultado melhor. Boas ideias foram feitas para serem reaproveitadas. Precisamos da percepção dos outros para definir nossa visão de mundo, alinhado a nossas perspectivas. Somos um conjunto de pedaços de experiências pessoais de outras pessoas. Não existe uma pessoa sequer nesse mundo com quem você converse sem aprender nada.

Por isso, precisamos cuidar de nossa imagem exterior e deixar transparecer o que somos internamente. Se você se julga uma boa pessoa, uma mulher interessante, mas sua linguagem corporal não indica isso, você possui uma imagem contraditória.

Portanto, vamos entender como os homens pensam. Você será empática com o pensamento do macho sabendo como ele constrói a própria argumentação e terá sucesso.

Já disse que você não pode perder esse jogo?

A PAIXÃO ACABA

As pessoas são inertes em rotinas e pensamentos. Com a velocidade com que ocorre os relacionamentos, o corpo se entedia de uma relação, procurando outras coisas por se apaixonar. Caso não exista o amor, que é a completude do vazio que carregamos, a paixão esfria, a relação volta ao tédio e todas as coisas com o qual fantasiamos, serão transferidas para outras pessoas.

As pessoas se revelarão como realmente são, e, sem a base da paixão, acusações como "eu não te conheci assim" ou "você mudou" acabam ficando mais frequentes. Você pode perder a paciência com seu parceiro e se ele costumava aturar seus defeitos, passará a criticá-los, te rebaixando.

Platão afirma que o amor é desejo e só desejamos aquilo que não temos. Isso invoca o conceito de que só amamos a falta e quando algo já não nos faz mais falta, deixamos de amar, encerrando a paixão. Apesar de muitos pensadores concordarem com essa premissa, essa afirmação não explica como alguns casais deram certo. Na mesma linha, Schopenhauer, filósofo alemão, acredita que nossa vida sentimental é como um pêndulo, oscilando entre a escassez e o excesso, entre o sofrimento e o tédio. O filósofo explica que quando algo nos falta sofremos por essa ausência, pois desejamos algo que não temos. Ao suprir essa escassez, ficamos felizes e essa felicidade dura por um tempo. O que fazia falta agora existe em abundância e já não nos causa a euforia do desejo.

Assim, o nosso pêndulo emocional oscila para o tédio. Ficamos entediados por não sofrer mais pela escassez, não vivemos uma novidade, não desejamos mais o que temos em excesso. A expressão certa seria: não valorizamos ou não somos gratos.

Por qualquer que seja o pensamento, a ideia de uma felicidade plena está em manter o pêndulo sempre posicionado nos limites do desejo. É certo que as paixões acabam e podem resultar em duas coisas: cada um segue seu caminho ou se transforma em amor. A paixão não é escolhida, mas você decide se quer amar ou não.

A gratidão é um eco da felicidade. É o ressoar das lembranças dos momentos em que você foi feliz. Em termos psicológicos, a chama da paixão dura entre três e dezoito meses. Esse é o tempo necessário para você conhecer a intimidade da pessoa pela qual você está apaixonada. Acima disso, a evolução do sentimento para amor só dependerá de quão disposta você está a fazer sacrifícios pela gratidão dos momentos felizes e manter o pêndulo estacado na oscilação da falta – o desejo de estar juntos

Cientistas da Universidade de Concord, na Austrália, descobriram que paixão e amor agem de forma diferente em nossos cérebros. A paixão é processada na área cerebral responsável pelos orgasmos. Enquanto o amor está associado a uma região cerebral que sofre estímulos como um indivíduo viciado em drogas. Isso explica porque na fase da paixão as pessoas pensam em prazer e é poetizado como a chama do sexo, enquanto dizem que quem ama possui os mesmos comportamentos de um viciado. Mesmo fazendo mal, elas continuam com seus parceiros, viciadas em sentimentos, agarradas as ideias de prazer e completude e sofrem na separação como um drogado em abstinência.

POR QUE O HOMEM TRAI?

Por pura falta de caráter. Não direi que é por um total mau-caratismo porque isso soará como se a pessoa fosse má como um todo e isso não é verdade. Homens bons também traem.

Não existe um motivo que justifique a traição e isso vale para os dois lados. Mas todos possuem o motivador que os leva a trair, algum gatilho fundamental que impulsiona o desejo pela traição ou coragem.

Se você já foi traída, talvez você não concorde comigo, afirmando que os motivos que o fizeram trair foram outros; concordo com você e explico.

O traidor vai disfarçar os reais motivos, afirmando que se sente estressado, que não é o momento dele, que o relacionamento não está bom. Se essa fosse a única desculpa para a traição, não seria mais fácil resolver a situação antes de começar novamente? Não é transando com outras pessoas que esses problemas se resolvem e ele sabe disso.

Se você leu os capítulos anteriores percebeu que o sexo é motivador de todas as atitudes do homem, isso inclui a traição. Se o seu parceiro se sente confortável em posição de poder em relação a você, se o amor que vocês possuem está baseado em opressor e oprimida, uma relação de desigualdade emocional, ele enxergará em você a falta de coragem para acabar o relacionamento.

Isso é muito fácil de entender. Ele está seguro de si e sabe que você aceitará uma possível traição, caso ele seja descoberto. Ele não acredita que possa te perder e sabe que pode rolar algum tipo de histeria da sua parte, mas o seu medo da perda é maior.

Então, por que ele não trairia? Há oportunidade, ele tem tesão e sabe que não irá te perder caso seja descoberto. A comodidade, o medo, a carência, sua insegurança, a relação abusiva são detalhes que levam a traição. Logicamente ele vai disfarçar, criando desculpas que levem a crer que a culpa é sua. Ele precisa justificar, sem nunca assumir a falta de caráter, dividindo a culpa com você.

Por outro lado, entenda que realmente você possui certa culpa na traição. No momento em que você cede ao machismo, alimenta um relacionamento abusivo e fomenta a sua carência, você está criando uma situação de inferioridade e submissão diante do homem. A decisão de trair será baseada em uma questão de oportunidade. Se você não está disposta a perdê-lo, facilmente ele será perdoado, pois você prefere carregar o peso de um chifre do que a angústia de achar que não encontrará ninguém que te queira além dele, caso o relacionamento chegue ao fim.

Se ele conseguiu te enganar, não quer dizer que você seja uma idiota, significa apenas que você deu confiança demais a ele.

A TRAIÇÃO

A necessidade de sexo do homem o faz procurar parceiras sexuais. O medo da perda é que faz com que ele se mantenha fiel. Lembre-se sempre, o homem pensa em sexo várias vezes por dia e ele pensa nisso com várias mulheres, inclusive com você. Mas o fato de pensar em sexo, não quer dizer que ele pense em te trair.

Se ele encontrar uma parceira que realmente vale a pena e cuja perda teria um alto custo emocional para ele, naturalmente ele será fiel. É preciso coragem para trair, pois existe um risco da sua perda. Se ele assumiu esse risco é porque sabe que será perdoado ou que o risco vale mais que o valor que ele tem de você.

Sabe aquele seu boy com quem parecia estar tudo bem e de repente ele resolve terminar? Pois bem, ele concluiu que precisava ter outras experiências sexuais e que o risco de te perder era menor do que passar a vida sem esses momentos. Sabe aquele namorado que te pede um tempo? Ele está dizendo que quer dar uma olhada na vida de solteiro e caso não encontre nada melhor, volta para você.

Pedir um tempo é uma forma covarde de dizer que quer conhecer outras garotas – ou garotos – sem assumir o risco de cortar relações contigo. Ele não tem muita certeza se você é a melhor escolha e, por isso quer tentar descobrir se você é boa o suficiente a ponto de arriscar a vida sexual dele com outras mulheres.

Existe aquele homem que não teve muitas oportunidades para curtir sua vida sexual quando jovem e depois de encarar a fase do tédio em um relacionamento, começa a ficar curioso em como seria sua vida de solteiro com livre acesso ao sexo com outras mulheres. Não sou da linha que concorda que todo homem trai, mas concordo que todo homem mal resolvido pensa em trair.

Entenda bem, a culpa dessa decisão não é sua ou talvez seja. Se você se acomodou na relação, é um tipo de mulher que cessou a evolução pessoal, acabou se sacrificando demais para viver a vida dele e se esqueceu de viver sua própria vida. Então você passou a ser uma mulher menos interessante com o passar do tempo. E é nesse ponto que ele resolveu arriscar e encontrar uma pessoa mais interessante que você ou só transar mesmo.

Em um relacionamento ou solteira, cultive sempre o amor-próprio, seja sempre uma pessoa interessante para si mesma. Viva uma vida plena, somando na vida das pessoas e trazendo melhorias para a sua própria.

O CASAMENTO

Na Idade Média a ideia do casamento era tida mais como obrigação social do que por sentimentos. Famílias reais casavam entre si para manter o poder. Outros casavam para fortalecer suas famílias, tribos, castas. Os filhos homens eram mais valorizados, pois significavam mais guerreiros nas linhas de batalha. As mulheres eram capturadas e usadas para produzir mais filhos, torcendo para que fossem homens.

Antigamente, a expectativa de vida do ser humano era de uns quarenta anos. Com a qualidade de vida daquele período não existia tempo para sentimentos amorosos.

Ao entrar na corrente do romantismo, autores começaram o movimento escapista. Era a valorização do desejo de fugir da realidade, das obrigações, alimentando assim o campo das fantasias dos sentimentos. Para os românticos desse período a realidade era a frustação de seus sonhos e reais desejos. Não é à toa que o suicídio era a opção que muitos adotavam como ápice de demonstração de seus amores proibidos e fuga do sofrimento real.

É no romantismo que surge a figura da amante. A amante é a pessoa amada, sem o rótulo de devassa. Como os casamentos desempenhavam um papel social, tornou-se comum ainda que de forma discreta, a existência de uma outra pessoa. Aquela pessoa que realmente era a amada. Note que a palavra "amante" não denota a traição, mas é aquela pessoa que recebe amor.

Os filmes modernos realçaram a ideia de amor romântico. Muitos seguem a linha de que o amor moderno não passa de uma construção social, incentivada por histórias bonitas com finais felizes ou contos de fadas. É com essa ideia que os casamentos passaram a se realizar pela paixão e amor, e nesse caso, o papel da amante passou a ser sinônimo de traição.

FIDELIDADE E O PERDÃO

"É POSSÍVEL TER UMA VIDA QUASE SEM LEMBRANÇAS, E AINDA SER FELIZ, MAS É IMPOSSÍVEL VIVER SEM SABER ESQUECER."

Friedrich Nietzsche

Todo ser humano é revestido de moral, regras que ele precisa seguir para o melhor convívio social. A moral provém do pensamento de suas ideias e o pensamento decorre da memória. Não podemos ser fieis àquilo que esquecemos ou não lembramos. A lembrança é ponto chave de nossa felicidade, afinal, é totalmente possível viver sem lembranças e ser feliz, mas é impossível viver sem saber esquecer.

É com base no esquecimento que regulamos nossa saúde mental, como já diria Freud, são nas memórias que estão nossas lembranças e quem não quer lembrar se traumatiza, recorrendo ao mecanismo de defesa mental para ocultar em sua mente lembranças desagradáveis.

Você já encontrou pessoas que simplesmente não conseguem comentar determinados assuntos? Ela bloqueia em sua mente tudo aquilo que lhe faz mal e citar esses assuntos faz disparar gatilhos emocionais que trazem à tona memórias que ela pretende esquecer. A fidelidade é uma virtude que limita a ação do homem baseado em lembranças. Não basta ter seus ideais guardados na mente, precisa também mantê-los vivos.

Quando não existe mais o amor entre duas pessoas, é a virtude baseada na ética que impede que elas sejam infiéis.

Ser infiel, em sentido estrito, é esquecer por um breve momento suas lembranças. Eu, você e todo mundo já traiu alguma vez na vida, isso é fato. E quando eu falo de traição aqui, não me refiro a trair seu parceiro. Refiro-me ao todo, a traição de si mesmo.

Exemplifico, você mulher, já deve ter feito aqueles votos de final de ano, correto? Quem nunca prometeu a si mesmo "farei uma dieta", "nesse novo ano entrarei na academia", "estudarei mais", "serei uma pessoa melhor". Essas são as promessas básicas.

Você se torna fiel a esse pensamento e quer segui-lo até o final. É seu compromisso consigo mesma. Mas, em algum momento, essa relação pode ter algumas traições e você acabará não resistindo àquele pedaço de bolo de chocolate feito pela avó.

Ao surgir a tentação, você força a sua mente a esquecer o compromisso que fez consigo mesma. Por um breve momento, você exclui da memória e, consequentemente, do pensamento, aquela meta de fidelidade e a oculta no seu subconsciente.

Depois de satisfeita, a mente traz de volta à memória sua moral, assim como a fidelidade, o seu compromisso de dieta. Ao se dar conta do que fez, você se arrepende ou não.

Então eu pergunto: você ainda se ama? Ama seu corpo? Ainda possui os desejos do início do ano?

Sim! E nem por isso você não deixou de trair. E por que você se traiu?

Você preferiu trocar suas lembranças boas por outras. Você sabe o quão feliz ficaria se estivesse mais magra, mas também se lembra de como é bom comer um bolo de chocolate.

Agora se imagine em um relacionamento e em uma prisão emocional. Você se sente carente e nada sexy. O sexo virou rotina e a relação está na zona do tédio. Até que uma outra pessoa começa a te dar atenção. Passa a te cortejar e te tratar com carinho e ternura. A recordação de como era se sentir assim surge em seu pensamento, bate saudades e você presume que precisa trocar suas lembranças atuais de desprezo por aquelas saudáveis. Você cogita encontrar desculpas para a traição e se convence de que precisa disso.

Quando as pessoas traem seus parceiros, é isso que acontece. Por um breve momento, eles esquecem de seus compromissos éticos e cedem às tentações da vida. E, por isso uma pessoa que foi traída vive um dilema entre o perdoar ou não.

Quando não existe o perdão, você passa a achar que tem o controle da punição. Você tende a manter a ofensa na sua cabeça e a manterá na mente enquanto ele não for punido. É normal querer se vingar e ver o sofrimento do outro, principalmente daquele que te fez mal. Mas entenda que ao mesmo tempo que você almeja o sacrifício alheio, é lá que estarão seus pensamentos.

Não existe uma forma de esquecer de lembrar. O que deve ser feito é aprender a lidar com a lembrança. O perdão é esquecimento, é sinal verde para o mundo entender que ele está livre de você, mesmo que não exista o arrependimento da parte dele.

Isso não quer dizer que você tenha que aceitar a ofensa, apenas entender que ele cometeu um desequilíbrio, que ele é desajustado emocionalmente e que você deve seguir sua vida. O erro é dele, não seu. A escolha do perdão parte de você entender seu valor, aceitar que você não possui culpa, e deixar sua ideia fixa partir, mesmo sem precisar saber o motivo da traição, talvez ele nem saiba.

JOGOS EMOCIONAIS

FINJO HÁ TANTO TEMPO SER QUEM NÃO SOU, QUE JÁ ME PERDI NO PERSONAGEM.

Ela era a mais linda na balada e sabia disso. Durante toda noite fingiu não perceber todos os olhares direcionados ao seu corpo. Metade desses olhares foram recusados com um jogar de cabelos na frente do rosto, acompanhado de um revirar de olhos para o lado contrário, parecia confiante naquela noite, apesar de por dentro estar se dissolvendo em tequila, as borboletas trituradas semana passada quando ele disse que não queria nada sério.

Ela realmente esperava encontrar alguém que pudesse ocupar aquele espaço vago. Na verdade, queria e não queria. O fato é que aquele espaço já tinha um dono que por insistência dela foi dono por tempo demais. Seria difícil encontrar alguém que encaixasse direitinho naquele espaço e isso ela também sabia.

Esse é um dos motivos do capricho no look aquela noite. Ela queria parecer bem, apesar da cabeça insistir em lembrar dele em toda música, em todo *shot* de bebida e em todo perfume que se aproximava e que ela recusou veemente com um sorriso faceiro, incitando-os a pensarem que deveriam insistir mais um pouco.

Acabou o som, as luzes se apagaram e ela foi vista indo embora sozinha para casa, sabia que era desejada, mas não pelo cara que desejava e não sabia porquê.

Jogos emocionais são uma forma psicológica de você se afastar de sua própria intimidade ou do seu próprio eu. O objetivo do jogo emocional é passar a ideia de que você está no controle enquanto ofusca sua verdadeira vulnerabilidade. Em busca de aceitação interna, a pessoa cria o jogo emocional para "brincar" com as pessoas ao redor em busca de aceitação externa.

Um exemplo de jogo emocional é quando ele sente raiva de você, te bloqueando em todos os aplicativos de comunicação. Para uma pessoa sensata, esse tipo de atitude é para quem realmente quer cortar a comunicação com uma pessoa, mas no jogo emocional isso significa exatamente o contrário. O que ele quer mesmo é que você se esforce para ir atrás dele, insistindo que esse sacrifício seja uma prova de seus sentimentos.

Como acabar com um jogo emocional? Simples! Apenas use a razão.

Uma pessoa que faz jogos emocionais quer que você utilize seu lado impulsivo para entrar na regra do jogo. Se você colocar a emoção na jogatina sentimental, ficará confusa em quais sinais interpretar e como interpretar. Ao utilizar o bom senso, você simplesmente quebra o círculo vicioso do jogo. Você não precisa se perguntar do porquê ele faz o que faz, é justamente isso que ele quer, que você fique confusa.

Se você fica com um cara que some do nada, não perca seu tempo tentando descobrir porque ele faz isso. Pessoas interessadas vão atrás do que querem e se ele se ausenta para passar a ideia de desinteressado, então ele está demonstrando isso de uma maneira errada, simples assim.

Alimentar jogos emocionais como bancar a difícil, se fazer de vítima ou dar uma de insensível só tornará você uma desequilibrada sentimental, uma criança imatura e, consequentemente, uma mulher fraca e desinteressante. Não aposte nesse jogo e só entre se for para ganhar.

O DIA EM QUE SEU CORAÇÃO PAROU DE BATER

"QUEM PÕE PONTO FINAL NUMA PAIXÃO COM ÓDIO AINDA AMA, OU NÃO CONSEGUE DEIXAR DE SOFRER."

Ovídio

Era um dia normal, mas algo estava estranho. Não era você. Foi ele que começou a se comportar de maneira diferente. Você sentiu algo fora do lugar até que perguntou o que estava acontecendo. "Nada", disse ele, sem olhar na sua direção. Você sabia; era o começo do fim.

Seu relacionamento acabou, e agora? A primeira coisa que você vai tentar fazer é fingir que está tudo bem, até que a ficha caia aos poucos. Tentará enganar a si mesma, passando a impressão de que tudo vai ficar bem desde o primeiro dia.

Seu próximo passo é gritar para o mundo que você está feliz. Talvez desse jeito você se convença de que realmente ficará tudo bem, mas não fica. As redes sociais serão o primeiro lugar onde chamará atenção, mas o efeito é o inverso do desejado. Agora você está mal e todos os seus amigos, e inimigos sabem disso.

Durante o tempo que vocês ficaram juntos, você criou três imagens do seu ex: a imagem na sua cabeça de quem ele é, a imagem de quem você gostaria que ele fosse e a imagem real.

Você não se apaixonou por uma pessoa, mas por um personagem que sua mente criou. Você o mantém na cabeça, alimentando a esperança de que um dia ele se torne aquilo com que você sonha, e o relacionamento acabou pela frustação de que na vida real, ele não é nada daquilo que você fabricou.

É necessário ter cultivado bastante amor-próprio, para que, quando chegue a hora da partida, a metade que partir não faça tanta falta. A vantagem de se ter maturidade emocional é que, mesmo que doa, você saberá porque está doendo. Não dominamos as emoções que sentimos, isso é da alma, mas podemos saber o que fazer com elas.

Você terá uma ressaca emocional. Sua vida entrará em câmera lenta e as cinco fases do luto emocional terão início.

AS FASES DO LUTO EMOCIONAL

"TODA FORMA DE PRESSA, MESMO QUE VOLTADA PARA O BEM, ATRAI ALGUMA DESORDEM MENTAL."

Cioran

A psiquiatra Elisabeth Kubler-Ross publicou em 1969 o livro *On Death and Dying* (Sobre a morte e o processo de morrer), em que ela explica as cinco fases do luto. Essas mesmas fases se aplicam para o fim de um relacionamento, pois as áreas cerebrais responsáveis pela perda de uma pessoa em vida e de um amor são as mesmas. A frase "ele morreu para mim" nunca fez tanto sentido. Eu entendo a sua urgência em se livrar das lembranças de seu ex. Você não vê a hora de tirar esse peso angustiante em forma de memórias. Saiba respeitar seu luto. Você passará por todas as cinco fases. Algumas serão mais intensas que outras, algumas vão demorar mais tempo para serem superadas. Mas, no fim, você estará bem e utilizará todo o processo para se tornar mais forte. Uma mulher poderosa que cai cinco vezes, levanta seis.

1 - Negação

Nessa fase você reluta em aceitar que o fim chegou. A ficha não cai e você ainda não tem noção do impacto que isso terá em sua vida. Você nega a partida e fingirá que tudo está bem.

2 - Raiva

Ao se dar conta que o fim é um fato, você se debate. Procura explicações do porquê isso aconteceu. E quando não aceita as respostas dadas ou fica sem respostas demonstra raiva. Esse ódio é direcionado para você, para seu ex-parceiro ou qualquer pessoa que faça parte de seu convívio.

3 - Barganha (Negociata)

Ainda com raiva, você tenta negociar com seu ex. Espera retomar para sua zona de conforto antes do fim e faz promessas de mudanças. Você busca a aceitação cedendo partes de sua própria pessoa e se submete a descer ao fundo do poço para que tudo volte a ser como antes. Você quer fazer sacrifícios e espera o retorno.

4 - Tristeza (Depressão)

A tristeza é uma defesa evolutiva do organismo. Seu corpo reage à tristeza, diminuindo seu metabolismo. A necessidade biológica por trás dessa defesa é a de que, antigamente, nesse estado de amargura, o ser humano passaria a ficar vulnerável, impossibilitado de se defender de inimigos, sofrendo risco de vida. Então para que não fosse preciso ficar longe de sua caverna, o corpo desenvolveu uma forma de se proteger. A imunidade do corpo baixa, a vontade de fazer atividades se esvai e o corpo se prepara para criar espaço para um novo começo.

Para uma vida psicologicamente saudável, a tristeza é necessária. Apesar de ser algo natural, muitas pessoas têm dificuldade em lidar com essa fase. Procuram soluções e esperam que essa fase passe logo. Algumas não conseguem lidar com a perda e precisam da ajuda de medicamentos. Se não tomarem cuidado acabam no caminho para a depressão.

5 - Aceitação

Após superar a tristeza, você passará a se recuperar nessa fase de aceitação. Um novo sentimento foi criado, a superação foi ativada e você começará a se sentir viva novamente. Nessa fase, você terá uma melhor clareza da situação e, apesar de não entender os motivos que levaram ao fim, você os aceita. Você saberá lidar com isso sem se abater em crises de ansiedade. O fim foi aceito, mas ainda há trabalho pela frente. Aceitar não é esquecer.

DURANTE O LUTO

Você estará em um luto emocional. O fim de uma relação sempre carrega lembranças e você deve respeitar seu próprio amor e o motivo que levou à separação.

Talvez o fim tenha sido por uma bobagem, mas, se vocês retornarem sem evoluir como um casal, e, antes disso, como pessoa, os erros se repetirão. A felicidade no relacionamento nunca vai progredir. Doenças emocionais são de certa forma transmissíveis, dependendo da sua postura ao lidar com o lado negativo do outro.

"Ele morreu para mim", você alega que ele ficou invisível para suas emoções, mas sabe que ele ainda existe em algum lugar dentro de você.

Seja a forma como você fala, como faz o café, quais filmes escolher, o tipo de música que escuta.

Somos no final o conjunto de pessoas que marcaram nossas vidas. Somos uma espécie de Frankenstein, costurado a partir de pedaços emocionais de pessoas que passaram pelo nosso convívio e também levaram um pedaço da gente. Alguns pedaços doem quando são retirados, outros pedaços, que nos são dados, são pequenos demais e não chegam a ocupar o espaço vazio deixado; lutamos para nos preencher com o que falta.

Doar sem reciprocidade mata, nos matamos por dentro, ficamos com medo da dor e da perda e não suportamos tantos lutos.

A vida é uma redescoberta diária de quem somos de onde viemos e para onde vamos. Não podemos nos reduzir a responder o "porquê" de estarmos vivos, mas "para quê".

Tudo isso remete ao passado e o passado é feito para entendermos nosso futuro. É o que foi feito no tempo que passou que nos faz aprender a melhorar. Usamos o passado para aprendizado, procurando novas perguntas para novas respostas. O passado já passou e não nos resta nada lá além de carregar nossa mochila de experiências e memórias.

COMO ESQUECER O EX

ESTIVE TENTANDO TE ESQUECER DE TODAS AS MANEIRAS, ATÉ QUE DESCOBRI QUE TE SUPERAR NÃO É SINÔNIMO DE APAGAR NOSSOS MOMENTOS DA MEMÓRIA. PELO CONTRÁRIO, ESQUECER VOCÊ ESTÁ LIGADO À MINHA CAPACIDADE DE TE LEMBRAR SEMPRE, PARA QUE EU NÃO COMETA OS MESMOS ERROS NO FUTURO.

É bem difícil esquecer uma outra pessoa e ainda bem que isso é difícil mesmo. Esta é uma ótima indicação de que sua memória está funcionando perfeitamente. Se você não possui um daqueles "neuralizadores" do filme Homens de Preto, então você terá um trabalho mental pela frente para deixar seu ex para lá.

Quando estamos apaixonados, o cérebro produz uma substância chamada dopamina. A dopamina é conhecida como o hormônio do prazer e é responsável pela sensação de saciedade. Esse hormônio controla a libido, está relacionado com a felicidade e é viciante. Sabe por que você é viciada em chocolate? Pois é, o chocolate possui neuroativos que elevam os níveis de dopamina no sangue. Você de fato não é viciada em chocolate, seu cérebro que está desejando dopamina.

Paixão e dopamina estão estreitamente relacionadas. Quando alguém te estimula e a dopamina é liberada pelo cérebro, você acaba se viciando nessa pessoa – dizer que ama mais que chocolate é uma farsa, você ama mesmo é a dopamina, sua *fake*.

Quando essa relação acaba, você entra em abstinência e seu corpo suplica pela dopamina. É tão difícil para você esquecer um ex quanto para um viciado largar a droga.

Existe uma técnica infalível para superar aquele pé na bunda. Se você foi trocada por outra pessoa ou seu relacionamento acabou porque ele decidiu que não te amava mais, vou te ajudar a superar isso. Basta você tomar uma coisa: vergonha na cara.

É sério! Você foi trocada, ele está com outra, ele te traiu, ele não te quer mais; então, de quantos motivos mais você precisa? Fim!

Mas se você realmente não consegue se afastar e está curiosa para descobrir algum truque para superar o ex, ele existe.

Você sabe que está apaixonada por uma imagem, certo? A ideia é descontruir essa imagem usando a racionalidade. Perceba a diferença entre essa projeção mental que existe em sua cabeça e o que ele realmente é.

Descubra como você criou essa ilusão e por quanto tempo ela existe. Compare a pessoa real à ideia do que você desejaria que ela fosse. Desconstrua essa fantasia criada em sua mente. Note os defeitos reais e as qualidades imaginárias. Depois, projete essa imagem para o futuro e pergunte-se: será que em alguns anos, baseado na situação que viviam hoje, você seria feliz?

Caso você não consiga efetuar esse exercício sozinha, eu recomendo que busque profissionais na área de saúde mental, como psicólogos ou psiquiatras. Você também pode se amarrar em uma árvore, esperando algum tipo de intervenção intergaláctica ou reler esse livro quantas vezes for necessário.

Mas se você quer de fato mais dicas para ajudar a esquecer o seu ex, então existem atividades que você pode fazer e algumas a evitar.

COISAS A EVITAR

1 - Continuar amigos

Esse papinho de que "não demos certo, mas a amizade continua" é pura farsa. Vocês podem até se tornar amigos, ou, de fato, continuar a amizade após um relacionamento, mas isso só dará certo se ambos forem emocionalmente maduros e bem resolvidos. Se um dos lados ainda não possui essa inteligência emocional, a chance de recaídas frustradas é enorme.

2 - Continuar acompanhando a vida dele em redes sociais

O que os olhos não veem, o coração não sente. Você está lutando para se livrar dessa agonia que invade seu peito. A pior coisa que pode fazer é continuar checando suas postagens, ruminando o ciúme e a sensação de que não foi uma boa ideia acabar o namoro, principalmente quando você não queria o fim. Isso impede que você banque a *stalker* maluca.

Evite o que te faz mal e pare de segui-lo. Se ele é do tipo de ex que ainda quer te manter na lista de contatinhos, então você foi rebaixada de ex-namorada para marmita garantida. Aquela mulher que o cara não quer mais para um relacionamento, mas com quem sabe que pode transar quando quiser. E não se engane dizendo "eu vou apenas usá-lo para o sexo". Todos nós sabemos que não é assim que a coisa funciona. Isso só vai fazer seu sofrimento durar mais tempo.

3 - Frequentar os mesmos lugares

Você deve evitar fazer atividades que costumavam fazer juntos, isso inclui parar de frequentar os lugares que vocês curtiam. Também precisa dar um basta nas músicas românticas ou de roedeira. Isso só fará ativar os gatilhos da saudade.

4 - Procurar desculpas para falar com ele

Não se engane, inventar motivos para manter contato não vai ajudá-la a superar o fim da relação. Coisas do tipo "eu preciso falar as últimas palavras", "preciso devolver as coisas dele" não colam. O que você quer mesmo e você sabe disso é tentar mais um contato procurando algum sinal de que ele se arrependeu.

5 - Tentar fazer ciúmes

Um amor não cura outro, isso é fato. Nesse caso você irá errar duas vezes, enganará a si mesma, porque você ainda não está pronta para uma relação e enganará o cara que vai ser usado para fazer ciúmes. Seja, sobretudo, uma responsável emocional com seu sentimento e o dos outros. Além disso, se seu ex ainda sentir algo, ele ficará frustrado em te ver com outro e vai se afastar mais ainda. O ciúme deve ser evitado, não vai salvar seu relacionamento.

6 - Vingança

Tentar se vingar do seu ex é uma forma preguiçosa de continuar sofrendo. Não importa se ele arranjou outra logo após o fim, se ele te traiu ou fez qualquer coisa que te magoou. O esquecimento começa com o perdão. Não estou dizendo que você deve aceitar o erro, isso não! Mas perdoar é compreender que alguém fez algo escroto e a culpa não foi sua. Desapegar da mágoa e do ego ferido, deixando isso para trás, ajuda a clarear a visão do que a vida tem preparado para você. Ninguém consegue caminhar em paz se ficar o tempo todo carregando a mochila pesada da vingança.

COISAS PARA FAZER

1 - Se afaste de redes sociais

Faça um processo *detox* da sua vida amorosa. Você terá que superar as fases do luto emocional. E tentar fazer isso acompanhando as redes sociais pode te trazer sentimento de culpa, ciúme e saudades. A qualquer momento você pode esbarrar em uma foto de seu ex com seus amigos em comum se divertindo e felizes e isso dará uma *bad* desgraçada.

2 - Construa uma lista negativa

Por que vocês acabaram afinal? Quais motivos te levaram a achar que essa era a melhor solução? Faça uma lista das dez coisas negativas no relacionamento. Descreva o porquê isso te afetava e tornava infeliz. São os detalhes que fazem um relacionamento saudável prosperar e se os itens dessa lista te fazem mal, você tomou a decisão certa em acabar.

3 - Procure novos hobbies

Cabeça vazia mantém o pensamento no ex. Desenvolva novas habilidades e busque explorar novas atividades. Sabe aquele instrumento que sempre quis aprender a tocar? Essa é a hora. Quer aprender uma nova língua? Viajar mais? Conhecer novos restaurantes, barzinhos, praias, parques e trilhas. Existem infinitas possibilidades nessa vida, você perdeu um telhado e ganhou as estrelas. Aproveite! Essa também é uma ótima forma de conhecer novas pessoas.

4 - Pare de entroná-lo

Ele perdeu a majestade, e faz tempo. Ele não é a última Coca-Cola do deserto. Ele também não é tão perfeito como essa imagem que você criou na sua cabeça. Tire-o do pedestal e aceite que existem caras legais por aí. Não serão iguais, mas serão legais assim mesmo.

5 - Não compare

O seu próximo amor não tem culpa do que seu ex fez. Você já sabe que cada pessoa é um universo diferente e você vai ter que aprender a amar de novo. E para isso funcionar, você deve parar de comparar seus próximos pretendentes com seu ex. Tentar buscar em outras pessoas o que seu ex tinha é uma tarefa quase impossível – não vou dizer que é totalmente impossível, por que vai que... né?

6 - Fale com suas amigas

Converse com suas *best friends* para pararem de te dar notícias do infeliz do seu ex. Você precisa esquecê-lo e colocar detetives atrás dele para saber se ele superou ou não o fim, só vai te atrasar.

7 - Crie metas

"Para quem não sabe onde ir, qualquer caminho serve", essa é uma frase do livro Alice no País das Maravilhas, dita a ela quando estava perdida. Você também se sente perdida, certo? Crie um destino para si, assim você saberá para onde está indo. Se planeje, foque na sua qualidade de vida, crie metas e as siga. Quer ganhar alguns quilos ou perdê-los? Procure um profissional, faça exercícios e dietas até estabelecer sua marca. Quer ler três livros no mês? Faça isso, escolha os autores, saiba da vida deles e leia as obras. Ocupe sua mente, aprenda, absorva conhecimento e se conheça cada vez mais. Como já dizia Einstein: "Uma mente que se abre para uma nova ideia, jamais voltará ao seu tamanho original."

Depois de entender o quanto você é poderosa, nunca mais vai despontar amor não correspondido por alguém que não enxerga seu valor.

Fique atenta às armadilhas do seu ex em tentá-la manter em uma amizade colorida. Ele pode brincar com seu psicológico apenas para fomentar o ego e ter uma noção de que você ainda está apaixonada por ele. Mensagens aleatórias ditas pessoalmente ou pelo WhatsApp, como "saudades daquela época", "não consigo ficar muito tempo sem você", "queria matar a saudade da gente" acompanhadas de sumiços esporádicos e crises de ciúme ou não, são só sinais de que ele quer transar com você sem compromisso em nome dos velhos tempos para reascender a chama da paixão. Brincadeira, ele só quer esvaziar o saco e acha que você, por ser ex dele e ainda ter sentimentos, será uma transa fácil de conseguir.

No final das contas, um "mandar se lascar" sempre funciona. Mandar aquele foda-se com gosto é libertador. Experimente falar de boca cheia um "vai se foder!" bem alto. Renova a energia de qualquer um.

Claro que as lágrimas lavam a alma e preparam seu corpo para um recomeço, mas quando a chaleira está cheia, extravasar o que pensa em forma de palavras seja palavrões ou poeminhas é ótimo.

Chore, grite, cante, beba, extravase da melhor forma possível. Escreva uma carta, uma música, adote um animal. Faça tudo, exceto pregar uma imagem modinha de que você é desapegada de sentimentos porque é *cool* (legal) ser assim; isso é para desajustados emocionais.

PÓS-ACEITAÇÃO

PESSOAS MARAVILHOSAS NÃO SURGEM POR ACASO.

Hoje em dia, quem sofre não pode demonstrar. As redes sociais exigem que você esteja feliz o tempo todo, uma cobrança absurda sobre si mesmo. As pessoas acham que a superação ocorre do dia para noite.

Ostentar sorrisos falsos, tentar se relacionar com pessoas para esquecer e fingir que a fila andou, que está tudo bem, não é solução; muito menos ajuda a solucionar o real problema.

A saudade é como uma ferida que pode doer. Ficar cutucando, magoando, remoendo o passado fará com que ela não feche nunca. Esse é o momento de chorar, e chorar muito, esfregar a alma com tanta lágrima. Chore até que isso não faça mais sentido e o sorriso começará a nascer no horizonte.

Após um relacionamento, o desgaste emocional é considerável e suas emoções tendem ao descontrole. Por outra linha, o que pode ocorrer, é um atraso da inteligência emocional. Muitas pessoas não sabem lidar com fins traumáticos de relacionamentos e passam a atuar como mimados emocionais. Sustentam desculpas de experiências frustradas e agem como imaturos sentimentais.

Alguns se tornarão narcisistas em uma busca desenfreada por algum tipo de vingança sentimental. Passam a descontar seu sofrimento em pessoas aleatórias como solução para ocupar o vazio deixado pelo seu relacionamento anterior. Cultivam o medo de ser abandonadas novamente, transformando-se em conquistadores de atenção, mas travados em viver emoções.

Tudo acaba afinal, talvez não da forma como você esperou, mas tudo chega ao fim. Perdoe-se, perdoe seu sentimento, perdoe-o por não perceber o quão incrível você é. Você não tem culpa por se apaixonar e ele não pode ser culpado por não enxergar a sua grandeza. Imortalize as emoções criadas nesse período, pois é chegada a hora de enxugar as lágrimas, erguer a cabeça e retomar a caminhada. Pessoas maravilhosas não surgem por acaso.

DANDO A VOLTA POR CIMA

"DOIS HOMENS OLHARAM ATRAVÉS DAS GRADES DA PRISÃO; UM VIU A LAMA, O OUTRO, AS ESTRELAS"

Santo Agostinho

Resiliência significa retornar a sua forma original. Relacionamentos cobram um preço e dependendo de como acabou pode ter sido um preço alto.

Você precisa voltar ao seu estado original. Aliás, você nunca mais será a mesma. Para ser resiliente é preciso adaptações para esse seu novo eu.

Entender a resiliência é entender que a vida é um sopro e todo o resto, como relações frustradas, amores não correspondidos, expectativas fracassadas, é efêmero.

A chave da superação é ressignificar passados dando-lhes outro sentido. Explore a gratidão dentro dos relacionamentos. Você possui todo o direito de não concordar com o que fizeram com você, mas seja grata pelos momentos bons, isso basta. Agora é o momento de se abrir para as oportunidades que vão surgir, para outros momentos e para outras pessoas.

Ele amou? Sim. Você amou? Sim. E quem criou esse sentimento? Vocês. Cabe a você essa responsabilidade da criação e também a responsabilidade da dissipação desse sentimento.

Você não pode culpá-lo por buscar a felicidade dele. É um dilema de combater o bem com o bem.

Deixe os momentos ficarem no passado. Ele não te valorizou porque não quis e ele tem esse direito. Sei que dói ser jogada fora, mas você precisa recolher aquilo que você tem de melhor e oferecer para outro que possa aproveitar a sua melhor parte. Isso é ter poder pelo sofrimento, esse é o poder da resiliência, esse é poder da mulher.

No Japão existe uma técnica chamada *Kintsukuroi*, que consiste na arte de consertar cerâmica com ouro. Todo vaso possui sua beleza única e quando se quebra, os artesãos japoneses preenchem o espaço vazio com esse metal precioso.

A visão que eles têm é de que reparar algo quebrado é de uma beleza incrível. É compreensível que o inesperado aconteça com todo mundo, coisas são quebradas dentro da gente o tempo todo e isso exige mudanças. Quando nos quebramos por dentro, isso não é feito para nos diminuir.

Os milhões de pedacinhos criados tornam-se milhões de oportunidades para nos reconstruirmos de novo, preenchendo os espaços com algo valioso. E apesar de estarmos mudando, ainda continuaremos sendo nós mesmos no fim das contas – só que melhores e mais valiosos.

Evoluímos e nos tornamos mais fortes. Sei que no fim o medo vai imperar e sobressair sob as demais emoções. Você pode ter receio de envelhecer sozinha, de não dar conta dos filhos, da vida ou medo de se relacionar com alguém pior. É preciso ter coragem.

Não é essa virtude, a coragem, que nos faz ter orgulho das heroínas? Não é a coragem de viver que nos faz confrontar nossos maiores fantasmas? Naturalmente temos medo da morte e morremos aos poucos quando temos também medo de viver. Você não acha que tem medo demais nessa história? Confronte seu passado, enfrente seus desígnios. E se permita!

O medo te segura, te limita. Pessoas com medo são bloqueadas, e você precisa expandir a sua melhor versão, dia após dia.

Seu nível de resiliência depende do grau em que você se adapta à nova realidade e à nova zona de conforto. Você não possui a vida de antes e com certeza você não é mesma que se frustrou. Entretanto, é na dor que surge o conhecimento para não cometer os mesmos erros. Ninguém chega à maturidade sem derramar algumas lágrimas, assim como uma heroína não vence as lutas sem levar alguns golpes pesados. Ninguém muda suas memórias sem receber um choque de lucidez.

Viver é assinar um contrato de risco. Não existe uma só pessoa que tenha alcançado o sucesso, seja no financeiro ou emocional sem ter se arriscado. Reinventar-se faz parte absoluta da resiliência. Se você por todo esse tempo tem reclamado que ainda não conseguiu ninguém, certamente precisa mudar e se reinventar, porque essa sua fórmula e jeito de ser não está dando certo.

Não é necessário mudar sua essência para agradar os outros, isso de fato não deve ocorrer, mas vivemos em uma sociedade e somos socialmente dependentes, o que te dá duas escolhas: esperar que algo de bom aconteça em sua vida, aceitando-se como a sua forma de encarar e agir ou mudar e adaptar-se. Como na natureza, não vence quem é o mais forte, porém o mais adaptável. Einstein era um brilhante físico, mas péssimo matemático e para concluir sua teoria precisou mudar sua forma de pensar sobre a matemática.

Note, ele não precisou mudar porque o mundo exigiu, precisou mudar para melhorar o mundo.

TENHA FOCO

"– QUEM ENSINOU TUDO ISSO AO SENHOR, DOUTOR?

A RESPOSTA VEIO PRONTAMENTE:

– O SOFRIMENTO."

Albert Camus

A doutora Ellen Fischer, antropóloga norte-americana, concluiu em sua tese que a mesma área do cérebro que é acionada quando nos apaixonamos, é exatamente a mesma área acionada quando somos rejeitados por alguém que amamos com maior intensidade. Isso significa que na ausência, em vez de nosso corpo já nos preparar para o recomeço, ele atiça mais o desejo de possuir aquela pessoa que está nos deixando.

Podemos ceder aos impulsos das emoções como defesa do corpo e encararmos esse fato da perda como um fracasso pessoal, sentindo vergonha, amargura e ressentimento.

Isso não significa que esse sentimento deve durar para sempre. Se você tem pena de si mesma, passará a se afundar em si cada vez mais.

Inundada de amargura e de tristeza, você esquece que possui as rédeas da sua vida e permite que a ingratidão por tudo que já viveu assuma o controle do pensamento. Em oposição, mantenha o foco nas coisas boas da vida. Você precisa se desvincular do seu relacionamento e nada melhor do que regar a semente da mudança que está em você.

A frustação e as expectativas que você nutria serão mutiladas, restando um espaço oco no lugar. Esse vazio será acompanhado de uma vontade desesperada de se ocupar. Não se renda ao desejo de criar barreiras e de se fechar em si mesma, pois é imprescindível que você cuide de si e limpe suas feridas.

Existem coisas que o poder da palavra não alcança e esse poder está nas suas atitudes.

RECONQUISTA

Epicteto, filósofo grego, afirma que a vida é dividida em dois contextos: aquela que planejamos, idealizamos, desejamos na mente a qual temos o controle e outra que é aquela que realmente nos faz feliz e que foge do nosso controle. Ele diz: "só há um caminho para a felicidade. É renunciar às coisas que não dependem de nossa vontade".

A vida afetiva está inclusa nesse segundo contexto. Não temos o controle de saber porque precisamos nos apaixonar. Seria muito fácil para uma mãe impor à criança a obrigação de adorar comer legumes, mas isso não ocorre por obrigação, e sim por escolha.

Seu relacionamento chegou ao fim, mas você ainda nutre expectativas de um retorno. Se fosse possível impor um sentimento ao outro, você o faria nesse momento. Você acredita que ele ainda esteja a fim, mas algumas dificuldades o impedem de assumir esse sentimento. Isso aumenta a chama de sua esperança, "eu tenho certeza de que ele ainda me ama" - na verdade, você só pode ter certeza do que você sente, nunca sobre o sentimento dos outros, mas tudo bem, digamos que você tenha certeza mesmo e não é só mais uma iludida.

É possível uma reconquista, mas como uma outra mulher. A mulher atual que ele conhece já foi avaliada como inapta para o relacionamento e você sabe o motivo - e se não sabe, não precisa entender todas as coisas. Afinal, vocês terminaram por uma razão ou várias.

Para efetuar uma reconquista você precisa ser paciente. A mudança de ideia dele não ocorrerá da noite para o dia, e você também precisará de mudanças; físicas e mentais.

No primeiro momento você precisará se afastar. Estar sempre disponível dificultará a volta do interesse. Ele não notará sua mudança e os gatilhos emocionais não serão disparados corretamente. No seu tempo fora, reinvente-se. Se afaste e dedique um tempo para você. Você vai retomar sua identidade. Quais coisas você gostaria de fazer e nunca fez? Quem é você? Quais coisas largou de lado em nome da relação? Refaça-os.

Não tente assumir o papel de amiga ou de boa samaritana. Você quer ser relacionada como uma parceira ideal para ele, não uma amiga ou cuidadora.

Nesse tempo afastada faça uma análise do que levou ao fim da relação. Execute um procedimento detox de toda a negatividade gerada. Renove-se, cuide de sua aparência, mude, alimente sua espiritualidade e amplie sua gama de interesses estudando, praticando exercícios físicos, mudando o corpo e o cabelo. Seus interesses ditam o quão interessante você é.

Ele precisará se apaixonar por você novamente e se continuar a mesma mulher isso não vai acontecer. Sendo assim, suma e quando retornar seja uma mulher melhor e com outra casca. Ele vai te associar a uma nova mulher e a um novo começo. Talvez você esteja tão evoluída nesse recomeço que será melhor permanecer conhecendo outras pessoas mais interessantes, voltar para o ex pode não ser tão bom assim. A escolha é toda sua.

MÃE SOLO

Irei me desprender de todas as amarras do "politicamente correto" para falar sobre esse tema. Discutir sobre relacionamento com mulheres que são mães é um tabu até mesmo entre os homens. Não é à toa que sempre que surge esse tema em rodas de amigos as vozes ficam mais baixas em tom de cochicho, para que a verdade não chegue aos ouvidos errados e sejamos taxados de preconceituosos ou machistas. Por isso serei extremamente sincero aqui, você precisa disso, mesmo que eu sofra críticas.

Começarei pelo título - "mãe solo". Já não pega bem falar o termo "mãe solteira" e isso é uma decorrência da luta feminista. Por vivermos em uma sociedade machista, é necessário a desconstrução de alguns termos que levem a crer que mulheres precisam estar associadas aos homens para serem rotuladas com algum status social (solteira ou casada). Ser mãe não tem nada a ver com o estado civil. Esse é um pensamento clássico que deve ser revisto. Por tanto, a expressão "mãe solo" é a melhor designação para mulheres que encararam o desafio de ser a principal figura responsável pela criação dos filhos.

Sabendo disso, vamos ao tema. Ser mãe não é uma tarefa das mais fáceis, apesar de ser um ato natural e de amor. Toda mulher sabe o quão complexo é o papel de ser mãe. Aquelas mulheres que ainda não são mães imaginam como deve ser difícil e aquelas que já são mães possuem a certeza.

Vivemos em uma sociedade de plena liberdade sexual feminina, as relações se tornaram rasas, o sexo tornou-se apenas um acessório de brechó – não gostei muito, mas vou levar porque tá barato e expor sentimentos verdadeiros não é para medrosos.

Resumindo, entrar em uma relação por si só já está bem complicado, imagina quando se tem mais complicadores como uma pessoa mal resolvida, um ex-namorado que não aceitou bem o fim da relação, a insegurança, ciúmes em excesso e blá-blá-blá.

Entende como as coisas estão ficando mais complexas?

Uma mãe solo significa responsabilidade que é algo que muitos homens não procuram, principalmente já no início de um relacionamento.

Você conheceu um *boy* e ele não sabe que você é mãe, estão naquela fase de conhecerem um ao outro e começam a falar de passado, você notará a mudança de postura dele quando falar que há uma criança te esperando em casa, mesmo que você introduza o assunto com a velha frase – "não estou procurando um pai para meu filho".

O choque que o homem sente nesse momento é um puro golpe de consciência de que ele ainda não sabe nada do seu passado. Não se trata somente da responsabilidade de possivelmente assumir a figura paterna e mesmo que você diga que não está procurando um pai para seu filho, todos sabemos que alguma responsabilidade ele precisará assumir.

Ora! Você pensa em ter um companheiro, certo? Ele precisa ser presente na sua vida nos momentos ruins e bons, correto? E se acontecer algo com seu filho? Seja na parte financeira ou física e só você tem a responsabilidade de resolver, mas está passando por algum aperto? Você acha que ele, como companheiro, deve se abster pelo simples fato de não ser o pai? Não é assim que funciona e o homem sabe disso.

Com a sensação de responsabilidade que o homem associa à mãe solo, existe também os questionamentos sobre: se ela é mãe, existe um pai e onde ele está? São bem resolvidos? O que ele achará da presença de um outro homem na vida dessa criança? Terei problemas? Além disso, será que vou me dar bem com a criança? Estou preparado para ser um padrasto?

Mesmo que você não aceite a ideia, o homem automaticamente associará a criança com a paternidade. Ao assumir um compromisso com uma mãe solo, esse relacionamento estará associado à aceitação da criança como parte da relação. É preciso aceitar a adaptação pelo simples fato de que sua prioridade sempre será seu filho. Isso inclui um acordo tácito de que você não terá o mesmo tempo disponível para ele.

É verdade, sim, que mães solos espantam homens, principalmente se ele ainda não possui filhos. Se esse for o caso, surgirá outra indagação: será que ela vai querer ter um filho comigo ou já "fechou a fábrica"?

Ah! Quero citar que esse tipo de pensamento não é exclusivo dos homens, tá? Mulheres pensam a mesma coisa quando se trata de homens com filhos. A diferença é que a mulher tende a associar um bom pai a um bom pretendente e marido. O homem não pensa dessa maneira.

E agora? Sou mãe solo, isso quer dizer que nenhum homem terá interesse por mim?

Também não é assim que a banda toca. Apesar desses pensamentos limitantes, existe uma condição que fará o homem superar essa barreira e encarar o desafio de ter um relacionamento com uma mãe solo. E essa condição só depende de você.

Para que o homem entre nessa aventura contigo, ele precisará entender que valerá a pena o esforço e para isso você precisa ser uma mulher interessante.

Se você é do tipo de mãe que consegue manter o equilíbrio, possui vida social, possui sua carreira, é emocionalmente estável e bem resolvida quanto aos seus antigos relacionamentos, com certeza você é uma mulher de valor e fará algum homem se interessar por você.

Mas se você é do tipo de mãe que parou no tempo, relaxou para a vida e é dependente financeiramente e emocionalmente de outras pessoas, sinto dizer que as coisas estão bem complicadas para seu lado. Está na hora de acordar para a vida, exceto se você já está feliz nessa situação, nesse caso pode continuar vivendo sua vida tranquila. A felicidade não está em ter um macho mesmo. Siga bem.

O PODER DO NÃO

Dizer "não" é afirmar que você não está disponível sempre. Um não é libertador, é a imposição de suas vontades e o conhecimento de seus limites.

Durante a vida nossas relações, sejam elas amorosas ou fraternais, nos exigem sacrifícios diários. A resposta para essas exigências deveria seguir o rito natural do equilíbrio entre o que pedem de você e o que se pode oferecer. Mas nem todas as pessoas possuem essa balança regulada.

Por diversos fatores psicológicos, algumas pessoas não são capazes de dizer "não" para solicitações de amigos, família e amores. Durante seu desenvolvimento, elas criam a necessidade de ser aceitas e entendem que para isso acontecer precisam satisfazer a vontade do outro, não importando suas próprias vontades. Existe aqui uma relação de submissão implícita, em que ela se torna uma marionete humana nas mãos de pessoas que se utilizam dessa sua condição psicológica. A maior perda para quem não sabe dizer "não" é a dignidade.

Os aproveitadores, geralmente, utilizam esse campo fértil para colher benefícios. E você, sem sua dignidade, não é capaz de se opor, postergando essa situação por mais tempo. Por não enxergar essa condição e mascarar essas atitudes como bondade e aceitação, passam a culpar a má sorte como responsável por sua tristeza e frustações.

Elaine, uma mulher de 32 anos, amava seu marido mais do que tudo. Ele estava desempregado há dois anos e por isso ela precisava fazer hora extra em seu emprego de enfermeira. Por amar demais seu marido, Elaine buscava satisfazer todas as suas vontades e nunca lhe negava dinheiro. Certo dia, o marido de Elaine parou de procurar emprego e passou a gastar mais horas do seu dia em bares da cidade. Não demorou muito para ele começar a se envolver com outras mulheres. Elaine vivia cansada, exausta do trabalho e se sentia incomodada com os hábitos de seu marido. Apesar das traições e da bebedeira, Elaine não o culpava pela mudança, mas culpava a crise no comércio que o tornava um desempregado.

"Se ele tivesse um emprego nada disso aconteceria", dizia ela. Elaine nunca conseguiu dizer "não" para seu marido e ele explorava essa condição, aumentando cada vez mais a audácia dos pedidos.

Ele passou a exigir mais dinheiro para os "investimentos" que seus amigos diziam ser a moda do momento com retorno garantido – um retorno que nunca veio. Começou a dormir fora de casa e só encontrar Elaine quando precisava de alguma coisa. "Estou precisando de sua ajuda", ele falava pelo WhatsApp.

Elaine confundiu seu amor com a carência. Ela sentia a ausência de seu marido, mas nunca soube dizer "não". O que faz Elaine aceitar esse tipo de situação? O que a faz baixar sempre a cabeça e atender pedidos cada vez mais irracionais, mesmo que isso exija um sacrifício além da dignidade? A busca da aceitação, a carência e a ansiedade transformaram Elaine em uma mulher submissa. Por que a opinião dos outros é tão importante para ela? Por que ela tem medo dos julgamentos externos?

Talvez ela nunca tenha se sentido amada na vida ou seus pais a criaram para acreditar que ela não era boa o suficiente. É possível que tenha sofrido *bullying* no colégio e acabou se inferiorizando diante dos outros. Elaine precisa de ajuda de um psicólogo para desatar esse nó e descobrir a origem da sua carência e baixa autoestima. Elaine precisa aprender a dizer "não".

SÍNDROME DA BOAZINHA

"DIZER SIM O TEMPO INTEIRO É UMA ESPÉCIE DE PRISÃO A CÉU ABERTO."

Felipe Pondé

Algumas mulheres são compulsivas em agradar. Perdem boa parte de seu tempo executando tarefas desnecessárias, só porque não sabem dizer não. Com esse desperdício, acabam por não achar tempo para si mesmas.

Mulheres que possuem a síndrome da mulher boazinha tendem a evitar conflitos aceitando passivamente tudo que lhes é demandado.

O resultado desse excesso de carga é o estresse, insatisfação no relacionamento, tristeza, baixa autoestima e falta de energia. Não saber dizer "não" implica em dizer um "sim" prejudicial. E sempre dizer "sim" em relacionamentos pode levá-los ao fracasso, por estar sempre disponível da pior maneira possível. Por isso, os homens vão se aproveitar dessa sua fraqueza e tenderão a não te levar a sério, afinal, você é uma mulher boazinha que aceita tudo e sempre dirá "sim", aquela que jamais dirá "não".

A origem dessa síndrome pode estar enraizada na criação. Meninas criadas por pais rígidos e controladores desenvolvem a necessidade de agradar. Caso não se encaixem nos quesitos como eles desejam podem ser abandonadas ou serem punidas, criando a sensação que não são boas o suficiente para ser amadas. Essa busca de aceitação é levada para o relacionamento e os homens urubus sentirão esse cheiro de fragilidade. Rondarão sua vida enquanto puderem arrancar algo de você, sempre fazendo promessas de reciprocidade ou oferecendo menos do que você precisa.

A mulher boazinha pode se sentir frustrada e até ter noção de sua síndrome, mas sempre cairá nos encantos do *Embustino* que chega com discursos de mudança, oferecendo migalhas prontamente aceitas por ela.

Ela se sente culpada por não oferecer aquilo que é solicitado e normalmente quando nega algum pedido, se ressente esperando o perdão do solicitante. Ela precisa ser aceita e assina um contrato social de que todo mundo deve ser legal com todo mundo o tempo todo. Esquece de escutar sua voz interior que diz que ela está se doando demais e para as pessoas erradas, mas segue adiante assumindo que dizer "não" é um atestado de que não é digna de ser amada.

SEJA ASSERTIVA

A ferramenta psicológica utilizada para combater a síndrome de boazinha é a assertividade. Ser assertiva é ter consciência da sua liberdade de expressão e livre-arbítrio ou até seus próprios desejos. É ter segurança de si, lidando com a carência, ansiedade e baixa autoestima. Uma mulher assertiva aprende a diferenciar os pedidos exigidos e a filtrar os que pode atender, prezando por sua própria dignidade. A maioria de nós deseja um mundo em que todas as pessoas sejam felizes, desejamos que todos os problemas sejam resolvidos, mas você não pode salvar todo mundo, muito menos sozinha. Pensar em si mesma não é egoísmo, por mais que os outros afirmem isso com o intuito de te manipular e ferir seu ego.

Ser assertiva é ser serena no amor, ser sincera e totalmente transparente quanto as próprias necessidades. Uma mulher boazinha esconde suas vontades passando a ideia de que é capaz, mas ela sabe que talvez não dê conta de tudo e assumirá as consequências de seus atos. O "não" que ela não sabe dar, converte-se em um "sim" vicioso e todo "não" guardado cobra seu preço.

Usar a assertividade sabendo negar pedidos específicos torna a mulher mais fluída na comunicação, leve nas relações – seja de trabalho ou pessoal e a livra de recorrer ao perdão, pois será sempre honesta, calando o ressentimento.

É preciso saber defender seus direitos pessoais, mostrar que não concorda com todas as coisas e se permitir ter pensamentos negativos para não ser manipulada. Você não pode ser submissa sem sua concordância, preste atenção ao que te faz mal.

Exprimir o que te incomoda na hora em vez de acumular suas divergências e opiniões contrárias fortalece sua autoestima e evita o acúmulo de lixo sentimental. Seja assertiva e aprenda a dizer não.

PARTE II

Linda

POR QUE SER FELIZ?

"TODOS OS HOMENS BUSCAM A FELICIDADE. E NÃO HÁ EXCEÇÃO A ESSA REGRA... É ISTO QUE MOTIVA AS AÇÕES DE TODOS OS HOMENS, ATÉ DAQUELES QUE VÃO SE ENFORCAR."

Blaise Pascal

Ser uma mulher linda é ser, sobretudo, uma mulher feliz. Já encontrou aquela pessoa que em um primeiro momento você não acha bonita, meio desleixada, mas que depois de conhecer melhor começa a achar linda? Também já conheceu um cara bonitão que em apenas duas frases te convenceu de que era um completo idiota?

Pois bem, a beleza atrai, mas é a alma que cativa. Uma mulher linda é aquela que sabe conduzir bem uma conversa, sabe levar a vida com leveza, é corajosa para enfrentar seus fantasmas, equilibra as suas prioridades e é presente: presente em sua própria vida e um presente para quem a conhece.

Bauman já afirma que vivemos em uma sociedade líquida de sentimentos e que é carente – bem carente. Nossa sociedade é carente de coragem, de atenção e de aceitação. O medo de sofrer por algo que nem ao menos vivemos nos paralisa. É a ansiedade que nos faz trazer de um futuro incerto a mínima certeza de um erro para um presente desencorajador. Aquelas que carregam experiências ruins do passado e as rotulam como "trauma", criam uma preocupação excessiva com o futuro.

Passar a vida se escondendo de possiblidades boas por medo que possa errar na escolha é uma forma medíocre de levar a vida. Nesse processo, perdemos a percepção de que a vida é passageira e de que morremos um pouco a cada dia. O filósofo Heráclito afirmava que ninguém toma banho no mesmo rio duas vezes. O tempo passa para todas as coisas e você hoje não é a mesma pessoa que foi ontem, nem mesmo a que será amanhã. As águas mudam e você também.

Criamos tantos planos que não são realizados por medo e temos tanto receio do erro que criamos a falsa impressão de que um dia ficaremos sem tempo para recriar os "e se" da vida. E se eu tivesse aceitado aquele convite? E se eu o convidasse para almoçar? E se eu tivesse dito ao meu pai que o amava? E se eu conseguisse outra chance, o que eu faria? São esses "e se" que não irão voltar, assim como as águas daquele rio de Heráclito.

É natural termos medo de morrer, tentamos evitar isso a todo custo. Enquanto houver felicidade, esperamos que esse dia nunca chegue. Mas evitar morrer não é garantia de que estamos sabendo viver. Você sabe que um dia chegará o momento de deixar esse mundo. Alguns sabem para onde vão quando isso acontecer, outros desconfiam, tantos outros querem acreditar, mas nem todos sabem porque estão vivendo.

Por que você vive? Qual o propósito da sua existência? Eu não sei a sua resposta, mas tenho a plena certeza de que a resposta não é sofrer por alguém. Muito menos se essa pessoa não faz a mínima questão de saber que você existe ou para quê.

Será que vale a pena desperdiçar esse escasso tempo que temos cortejando um quarto escuro sozinha ou afogando suas mágoas em baladas e bebidas, beijando outras bocas ou usando outros corpos que você tem a certeza de que são errados para você?

Claro que existe aquela fase da curtição, seus hormônios estão a toda e você não está procurando ninguém especial e nem tem a intenção. Ótimo! Você está aproveitando seu tempo da melhor maneira e deve continuar assim.

Mas eu me refiro às pessoas que realmente não se sentem bem no caminho que estão trilhando e seguem mesmo assim por influência de amigos, da família ou como uma tentativa de esquecer alguém do passado que lhe fez mal ou não lhe fez bem como merecia.

Não importa como você leva a sua vida, desde que no final você possa olhar para trás e ter orgulho de quem se tornou e de todos os obstáculos que superou. O tempo é o único ativo que nos pertence e ele é limitado. Nenhuma pessoa que não seja digna merece suas fichas temporais.

Eu sempre falo que você deve usar a empatia para entender a posição do outro, não é mesmo? Então faça o seguinte, se coloque na posição de uma pessoa que não possui mais tempo. Você já passeou em um hospital com doentes terminais? Já teve a oportunidade de visitar crianças com câncer?

Certa vez fui visitar uma amiga que estava em tratamento. Enquanto esperava minha vez de entrar no quarto, conversei com algumas crianças que brincavam no corredor do hospital. Perguntei o que elas gostariam de ser quando crescessem e algumas falaram que iam se tornar médicas, enfermeiras, professoras e ainda surgiram alguns batmans, supermans, mulheres-maravilhas, além de youtubers – nesse dia descobri que youtuber agora é uma profissão.

As opções eram ilimitadas, todas tinham ideias do que seriam, mas nenhuma, absolutamente nenhuma, cogitou responder que algum dia sofreria por amor.

E você? O que você queria ser quando crescesse? Você seguiu o caminho que você planejou quando era criança? Tem vivido um sonho?

Em qual parte do caminho você se perdeu?

Está na hora de voltar alguns passos, ainda há tempo.

BREVIDADE

Pessoas insistem em compartilhar preconceitos, violência e impor ideologias. Só o fato de nos colocarmos em uma posição contrária é motivo para sermos agredidos. Pessoas sem o equilíbrio emocional se esquecem de quão breve é a vida. Esse desequilíbrio afeta a forma como se vive, pecando pelo excesso, seja ele falta de vida ou querer viver intensamente.

A falta do viver leva ao vazio existencial e a uma profunda tristeza. A ansiedade paralisa os atos, desejando sonhos que nunca irão se realizar por falta de ação. Por outro lado, os que pecam por excesso de intensidade cultuam a vaidade em demasia, regados de bebidas, drogas e festas. Para alguém que diz ter medo da morte, levar uma vida sem prudência arriscando incansavelmente a saúde é uma forma paradoxal de antecipar a morte. Pessoas excessivas esquecem que por trás dessa necessidade de atenção existe uma pessoa carente de sentimentos.

Existem dois tipos de morte: a morte antes do corpo físico e a morte por esquecimento após o coração parar de bater.

Ao nos darmos conta da brevidade da vida, passamos a encarar nossas obrigações com outros olhos. Não sei você, mas quando vejo um exame de sangue alterado já começo meus planos para me tornar uma pessoa melhor a partir desse dia. E tenha certeza, a primeira promessa que eu faço é que nunca perderei meu tempo tentando provar para alguém que mereço ser amado. Você pode entender meus conselhos, se identificar com as palavras deste livro, mas, mesmo assim, não poderei fazer nada para mudar sua vida. Isso é uma trajetória que você deve trilhar sozinha, aceitando ser responsável por suas escolhas, assumindo os riscos e aceitando as consequências. E é isso que te amedronta: a liberdade de escolha. Mas é isso também que nos faz humanos, o livre-arbítrio.

Sartre, filósofo francês, afirmava que a liberdade é a ideia que o homem possui de construir a si mesmo e dessa ideia não podemos nos libertar.

O autor russo Dostoievsky escreveu que os homens dizem amar a liberdade, mas de posse dela são tomados por um grande medo e fogem para abrigos seguros. A liberdade dá medo. Os homens são pássaros que amam o voo, mas têm medo dos abismos. Por isso abandonam o voo e se trancam em gaiolas. Somos assim: sonhamos com o voo, mas o tememos.

Se olharmos de longe um pássaro que tem medo de voar, notaremos o quão idiota seria o pássaro em desperdiçar sua habilidade de ver o mundo do alto. Que bela vida ele teria? Que belas paisagens ele veria?

Mas... e se você for esse pássaro?

SENTIDO

Se você busca alguém para se sentir amada e viva, acredito que seja melhor você buscar dentro de si mesma. Cada humilhação que você passa por uma pessoa é uma parte do seu ego que morre, afundando em desespero e alimentando outras pessoas que não te querem bem.

Só aprendemos a esquecer alguém quando nos perdoamos e perdoamos o outro. A história que agregamos é o que nos complementa, fazendo parte de nós mesmos. Uma parte de seu amor ficará e ele levará junto um pedaço seu.

Passamos boa parte do tempo tentando entender por que vivemos, pelo que respiramos. Criamos mistérios por trás de mistérios, querendo descobrir o motivo de todas as coisas. Por que ele me largou? Por que ele me pediu em namoro?

E se, talvez, não descobrir nada disso seja o real sentido da vida? E se viver um eterno mistério, sem sabermos de nada, seja a verdadeira vida? Morremos exatamente da mesma maneira que vivemos, que tipo de morte em vida será a sua? Sofrendo por um *Embustino*? Não aceitando o fim da relação? Querendo entender por que ele te traiu? Por que ele não largou a mulher como prometeu? É esse o seu objetivo de vida? Decifradora de "por quês"? Quer ouvir um bom conselho? Experimente conversar com pessoas que gostariam de ter as oportunidades que você possui. Encontre pessoas que erraram e seguiram caminhos diferentes do seu ou que persistiram no erro. Você não precisa errar para aprender, basta aprender com a falha dos outros. Use referências de sucesso para saber qual caminho seguir, faça o mesmo para caminhos de fracasso.

O RADAR DA MULHER

Quando falamos que a mulher possui um sexto sentido, não é por achismo popular. A ciência explica que faz parte da evolução feminina. A mulher desenvolveu uma qualidade para prever quando as coisas não estão da mesma forma. Ela na maioria das vezes já sabe as respostas dos seus problemas, mas acaba encobrindo essas intuições por se deixar levar por outras emoções como amor, carência, esperança, ciúmes e medo.

Raramente um homem vai conseguir mentir para uma mulher sem que ela perceba. Mas ela escolhe acreditar nas palavras dele. Por isso homens são mais eficazes em omitir verdades através de ferramentas como WhatsApp, pois não exibem sua linguagem corporal para a mulher.

As mulheres também escutam melhor para perceber o choro do bebê, além de ter uma ótima orientação espacial em curtos espaços. O homem saberá estacionar melhor um carro, mas será incapaz de encontrar um pote da sogra no armário. Isso explica porque os homens não ligam para os detalhes e as mulheres possuem o poder de ler as entrelinhas e notar as mentiras apenas com gestos corporais e entonação da voz.

Mulheres adoram carinhos porque sua pele possui mais receptores de pressão. Isso as torna mais sensíveis ao toque e alteração de temperatura. Homens possuem a pele mais grossa para poder lutar com a caça e se recuperar mais facilmente de ferimentos. Mulheres adoram beijos no pescoço, nuca, costas, descendo pelas costas e na parte interna das coxas e virilha, já os homens não se importam tanto com isso e não são tão sensíveis. Depois da adolescência a sensibilidade se encontra em um só lugar, no pênis.

A DANÇA DO ACASALAMENTO

O ser humano é o único animal que ignora a dança natural do acasalamento. Sem perceber, fazemos ou omitimos gestos quando estamos interessados em outra pessoa. Saber ler e esboçar esses gestos é o primeiro passo para conquistar aquele *boy* que você encontrou em uma balada, em um barzinho ou aquele colega que você passou a enxergar com outros olhos.

Homens e mulheres mudam a postura de forma inconsciente quando encontram alguém que lhes agradam em um primeiro momento. Elas ficam mais eretas, exibem o pescoço e balançam os cabelos, já eles intensificam o tônus muscular, melhoram a postura e encolhem a barriga para aparentarem mais atraentes.

A capacidade da mulher encontrar um bom parceiro está intimamente ligada a sua habilidade de passar e decodificar os sinais corporais corretamente. Você pode se tornar mestre na linguagem corporal, mas isso não é garantia de que ele responderá de forma positiva. Tenha consciência do seu poder e do seu valor, saiba receber uma resposta negativa quando isso ocorrer.

A falta de resposta dele pode significar duas coisas: ele não sabe interpretar a linguagem corporal feminina ou não está interessado. No primeiro caso, você precisará ser mais explícita sobre o que você deseja, no segundo precisará escolher outro *crush*. Muitos homens são lerdos quando se trata do flerte e sedução por serem inseguros e tímidos e por não entenderem a linguagem corporal feminina. Por vezes, será necessário um pouco mais de empenho e comportamentos ousados.

Na dança do acasalamento o homem dança, mas quem escolhe a música é a mulher.

COMO SER UMA MULHER INTERESSANTE

Ser uma mulher interessante não se trata da visão que os outros possuem dela. Se trata de como ela enxerga a si mesma. Para ser uma mulher interessante, ela deve ser, sobretudo, interessada. Não interessada na opinião de outras pessoas sobre ela, muito menos interessada na vida de outras pessoas, ela deve ser interessada em sua própria vida.

Uma mulher interessante é interessada na sua evolução pessoal. Ela possui suas atividades, é dona de si, tem seu ciclo de amizades, sua carreira, seus estudos, sua vida social e sua opinião sobre o mundo e a vida. Ela não precisa de um homem para ser feliz e isso é encantador, além de amedrontador para os meninos. Uma mulher apaixonante supera obstáculos, sai da sua zona de conforto, topa desafios e explora o seu eu. Passa confiança e é segura de si.

Quando tem interesse, ela o demonstra por meio da consciência corporal, disparando os gatilhos emocionais corretos. Homens são estimulados pela caça, e presas fáceis ou difíceis demais não são valorizadas. O mesmo ocorre na conquista. Quando se trata de homens, uma mulher interessante sempre sustenta a seguinte premissa: “estou disposta a abrir mão dele”.

Ora, se uma mulher possui consciência de sua liberdade, possui sua vida e sabe que sua felicidade não depende de algum macho para ampliar seu poder, ela precisa assumir o risco de perdê-lo. Aliás, estou usando o verbo “perder” de forma errada. Você só pode perder aquilo que de alguma forma possui, o que não é o caso de relacionamentos saudáveis. De qualquer forma, continuarei usando a perda como algo atraente.

Assumir uma possível perda não é a mesma coisa que fazer pouco caso dele ou simular joguinhos emocionais, fingir desinteresse, muito menos diminuí-lo. Estar disposta a perdê-lo é aceitar que em algum momento ele pode mudar de ideia sobre os sentimentos que nutre por você e garantir que sua vida emocional não depende da decisão de ele ir ou ficar, todos temos essa liberdade. Ter medo de perdê-lo é assumir que você está presa a ele e isso não é nada interessante. Um dia ele simplesmente pode dizer que cansou de você, isso não importará muito. Vai doer, fato, mas sua vida não dependerá da permanência dele.

É extremamente libertador quando um homem decide partir e você simplesmente diz: "é uma pena, mas entendo seu lado, pode ir". Na visão masculina, o homem sempre tentará ter o controle do relacionamento. Apesar de ele buscar uma mulher que seja submissa, com o tempo essa submissão abrirá as portas do descaso e o fim da paixão. Homens são motivados por conquistas, e, se ele tiver a sensação de que você está ao lado dele por escolha e não por obrigação isso a tornará extremamente interessante. Para evitar erros de interpretação desse texto, lembro a você que todo relacionamento é um equilíbrio, amor e igualdade.

Não tente se comportar como um homem. Apesar de todos gostarem de ter afinidades, pensamos de formas diferentes. Elimine suas crenças limitantes de que o homem sempre deve tomar a iniciativa.

Uma mulher interessante sabe o que quer e a hora que quer, sabe escolher qualidade em detrimento da quantidade. Ela sabe ser seletiva quanto as suas companhias. Para o homem uma mulher precisa ser feminina e ser hábil em controlar suas emoções e dominar a linguagem corporal. Eles não possuem conhecimento do que está acontecendo, mas você sim.

Seja positiva sempre que possível. Ninguém gosta de pessoas ácidas que vivem reclamando da vida ou achando que a solução de seus problemas está no outro; encarar a vida com bons olhos, ser leve e grata pelas conquistas te faz uma mulher muito mais agradável – a leveza é *sexy*.

Além disso, saiba ouvir, apoiar e dar espaço para que ele resolva seus próprios problemas.

Pratique a empatia. Procure entender como o homem pensa e como ele pensa diferente de você. O que você espera que ele tenha para que seja um cara interessante? Um bom sorriso, um bom trabalho, que estude, que seja dedicado, que cuide do corpo, que seja amoroso e carinhoso.

Então, o que você acha que ele espera de você? Acomodada, que não se cuida, não estuda, não trabalha? Você só pode exigir de um parceiro aquilo que você pode oferecer. O que você acha interessante em uma pessoa, ele também achará.

E se hoje você oferece isso e não tem um retorno, então você deve atentar para as outras variáveis que a tornam uma mulher linda.

Tenha ambições pessoais, busque conquistas e se adapte ao ambiente. Tenha uma vida que valha a pena ser vivida. Você não precisa ser a mulher ideal para ser interessante, precisa ser aquela pessoa que ele não trocaria por nada.

VOCÊ SABE O QUE AMBOS PROCURAM?

Você realmente sabe o que os homens e mulheres procuram em seus parceiros?

Mulheres passam os sinais errados para os homens, por acharem que eles estão interessados em uma coisa, enquanto a realidade é bem diferente. Por acharem que os homens pensam somente em sexo, e realmente pensam, as mulheres acreditam que ser sexualmente atraente é o suficiente para fisgar um homem.

O sexo é importante? Com certeza! Mas o sexo nunca fará um homem ficar quando só isso estiver na mesa. O sexo não prende, muito menos solta ninguém.

Ser sexualmente atraente é tão importante quanto se vestir bem, é apenas acessório. Ser uma mulher gostosona atrairá muitos homens, poucos estarão dispostos a ficar se você não tiver outras qualidades a oferecer. Aquela sua foto com os seios à mostra pode te trazer várias curtidas e elogios. Uma boa massagem no ego, assumo, mas garanto que os homens realmente interessantes pensarão a mesma coisa que a maioria: você é uma mulher para o sexo sem compromisso.

Allan e Barbara Pease comentam sobre uma pesquisa feita com 15.000 homens e mulheres, com idades entre 17 e 60 anos, em que foi feita a pergunta: o que as mulheres procuram em um homem e o que os homens acham que elas procuram? O resultado está listado abaixo em ordem de prioridade.

O que as mulheres procuram em um homem:

1. PERSONALIDADE
2. HUMOR
3. SENSIBILIDADE
4. INTELIGÊNCIA
5. CORPO BONITO

O que eles acham que elas buscam:

1. PERSONALIDADE
2. CORPO BONITO
3. HUMOR
4. SENSIBILIDADE
5. BOA APARÊNCIA

Essa mesma pesquisa apontou que 15% dos homens acham que é importante ter um pênis grande e somente 2% das mulheres acham que ter um pênis "*manjubazord*" seja realmente relevante. Homens sempre cultuaram o tamanho do seu pênis e essa tese se fortalece ao iniciar suas vidas sexuais baseadas em filmes pornôs. Ainda foi perguntado na pesquisa o que os homens procuram em uma mulher para um relacionamento de longo prazo, e o que as mulheres acham que eles querem.

O que os homens procuram em uma mulher:

1. PERSONALIDADE
2. BOA APARÊNCIA
3. INTELIGÊNCIA
4. HUMOR
5. CORPO BONITO

O que elas acham que eles procuram:

1. BOA APARÊNCIA
2. CORPO BONITO
3. PEITO
4. BUNDA
5. PERSONALIDADE

Note que as mulheres apontaram como fator determinante para um relacionamento de longo prazo na visão do homem as características físicas e colocam a personalidade como último quesito, ou seja, para a maioria das mulheres, apenas ter um corpo bonito basta para chamar a atenção e ser uma mulher interessante para um homem.

Com base nessa certeza equivocada as mulheres perdem tempo, energia e dinheiro se dedicando ao visual e acabam esquecendo que é a personalidade e inteligência o que realmente importa. Claro que para casos de sexo casual, o visual é o mais importante. Mas a parte mais *sexy* da mulher sempre será o cérebro – para relacionamentos sérios.

Se coloque na posição do homem agora. Vivendo em uma sociedade machista em que ele é o principal ator, ele está em vantagem e não precisa mudar, pois faz parte do time que está ganhando. Ao se deparar com um monte de mulher que se importa mais com a aparência e com sua liberdade sexual, por que os homens mudariam suas atitudes?

Desse ponto é possível entender porque as mulheres estão passando os sinais errados. Porque elas simplesmente estão achando as prioridades erradas. Por achar que os homens só se importam com sexo, com corpo, tetas e bundas, ela priorizará esses quesitos em sua vida, buscando atrair seu homem ideal. Passam os sinais errados e só conseguem a atenção de *Embustinos* que apenas a valorizam pelo corpo – é o que ela transmite.

Olhando as duas análises, dá para perceber que a mulher tem muito menos consciência dos critérios masculinos. Os homens se aproximam mais em perceber o que as mulheres desejam, a mulher, por outro lado, não tem a mínima ideia do que eles desejam. Não é coincidência que, na arte da sedução, os *embustes* estão ganhando de lavada. Mas esse jogo agora vai virar.

LINGUAGEM CORPORAL

"DÊ A UM HOMEM TUDO QUE ELE DESEJA, E ELE, APESAR DISSO, NAQUELE MESMO MOMENTO, SENTIRÁ QUE ESSE TUDO NÃO É TUDO."

Immanuel Kant

Já falei que somos animais, certo? Ter isso sempre em mente é essencial para entender como funciona nossa primitividade. Apesar de sermos evoluídos na forma de pensar, os instintos estão gravados em nosso ser de forma inconsciente.

Você deve aprender a linguagem corporal, uma linguagem não escrita, mas que pode dizer muita coisa em diversas situações. O que nos torna seres superiores, teoricamente, porque existem outros animais que valem mais do que muita gente por aí — são as outras variáveis complexas que nos levam a tomar decisões. A linguagem corporal, por si só, não deve ser levada em consideração para concluir um determinado contexto e entender porque homens fazem o que fazem. Mas pode ajudar a ler as pessoas, principalmente em momentos de tensão ou descontração. Momentos esses, em que somos mais livres de amarras sociais e agimos naturalmente, ou seja, expomos mais nosso lado primitivo.

Uma pesquisa feita por Barbara Pease indica que 90% da nossa opinião é formada nos primeiros quatro minutos de conversa. Isso indica que o homem em uma primeira aproximação já possui uma ideia do que esperar de você, sabe se você possui o potencial para ser uma parceira fixa ou só serve para sexo casual.

Claro que essa ideia pode mudar com o tempo e o aumento da intimidade. Existe a possibilidade também de que a pessoa esteja fingindo ser algo que não é. A intenção contribui para tornar o ser humano ainda mais complexo. Mesmo que ele já tenha se decidido sobre a sua imagem inicial, as primeiras aparências, ele continuará desejando o sexo. Se o relacionamento vai além disso, só as atitudes podem dizer.

Existe um jogo de cartas chamado pôquer. Esse jogo, que por alguns é considerado um esporte, se trata basicamente de linguagem corporal. Para ser um ganhador não basta você ter sorte e cartas boas nas mãos, mas precisa saber mentir sem se revelar, blefar. Dominar a arte de ler a linguagem corporal é o que torna um jogador de pôquer um campeão. Um piscar de olhos demorado, por isso eles usam óculos escuros, uma coçada de leve na orelha, um dedo que se levanta involuntariamente e outras coisas demonstram tranquilidade ou nervosismo.

Cada pessoa tem a própria linguagem corporal íntima, mas alguns padrões podem ser comuns a quase todos os seres humanos.

SINAL VERDE

Quando a mulher está interessada, ela deve demonstrar através de sinais esse interesse. Isso é necessário porque o homem é inseguro e não sabe ler bem a linguagem corporal – exceto os *Embustinos*, que são mestres. Ele precisará de um sinal verde para tomar algum tipo de atitude. Seu gesto será o convite para uma ação.

- MEXER OS CABELOS: mulheres precisam exibir seu pescoço como um sinal de delicadeza. Essa região é uma área vulnerável e balançar os cabelos exibindo o local vai disparar os gatilhos corretamente. Até as mulheres que possuem cabelos curtos fazem esse gesto sem perceber. Um outro motivo para mexer nos cabelos é exibir as axilas que estarão exalando feromônios. Feromônios são substâncias químicas secretadas com o intuito de atiçar o desejo sexual nas pessoas ao redor.

- TOQUES FÍSICOS: tocar a si mesma ou tocar o pretendente é um sinal de que a intimidade pode avançar. Dependendo da região o significado é mais óbvio. Tocar os ombros, mesmo que seja sem querer ou se você colocar a palma de sua mão no cotovelo dele, como se estivesse puxando, mas sem puxar, é um convite de que ele pode avançar para uma maior aproximação. Tocar seus lábios com as pontas dos dedos, mexer com o decote, também são sinais verdes e sexuais.

- APOIAR O ROSTO: se vocês estão sentados em uma mesa e você coloca suas mãos uma em cima da outra e em seguida apoia sua cabeça, você estará demonstrando que está interessada no que ele tem a dizer de uma forma mais atenciosa. Você exibe todo o seu rosto e atenção, e ele notará que você de fato está interessada nele.

- TRUQUE DA BOLSA: a bolsa é um dos principais acessórios femininos. É na bolsa que estão armazenadas tudo que é necessário para a mulher – sério, algumas bolsas parecem buracos negros; nunca vi caber tanta coisa. Se você deixar a sua bolsa mais próxima do homem ou deixá-lo tomando conta dela enquanto vai ao banheiro, isso significa que você confia nele o suficiente e que precisam de mais intimidade, porque segura você já está.

- EXPOR OS PULSOS: sabe por que a forma correta de passar perfume é atrás da orelha e nos pulsos? São regiões mais sensíveis à temperatura corporal, o que ajuda a exalar mais o perfume e os feromônios. Ao expor mais os pulsos, você exala mais hormônios sexuais e demonstra sua feminilidade.

SINAL VERMELHO

Quando você quer dispensar um cara, às vezes um simples "não" não será suficiente para tirar aquele pentelho do seu pé. Você pode precisar ser mais incisiva com seus gestos corporais. Se você é educada o suficiente para travar e impedir de mandá-lo se foder, você pode emitir sinais vermelhos corporais.

- SORRIR DE LÁBIOS FECHADOS: fingir um sorriso pode ser pior do que não sorrir. Colocar seus lábios esticados em linha reta e revirar os olhos será a deixa para o cara se mancar e cair fora.

- MUDAR O LADO DO CORPO: homens que estão te cortejando vão invadir seu espaço pessoal, aquele espaço em que você se sente segura. Girar seu corpo em uma posição de noventa graus indicará que você não está disponível para conversa. Se o cara for muito chato ou mal-educado, nunca lhe dê as costas. Você ficará vulnerável para algum tipo de assédio e alguns homens não sabem lidar bem com um "não", partindo para gestos violentos. Mantenha os olhos nele enquanto se afasta e garanta que ele será apenas um babaca mimado e não um agressor.

- CRUZAR OS BRAÇOS: esse gesto significa que você está fechada para aproximações. Apertar a bolsa contra seu dorso ou cruzar os braços emitirá sinais de que você não está para papo que não está à vontade no ambiente ou com a aproximação de alguém e que não está interessada em conhecer outras pessoas.

A PSIQUE

"TODA MENTE É UM COFRE, NÃO HÁ MENTES IMPENETRÁVEIS, MAS CHAVES CORRETAS."

Augusto Cury

Vanessa estava em um prédio vazio tarde da noite no andar mais alto aguardando o elevador. Quando as portas se abriram, ela dá de cara com um homem que lhe passa uma má impressão. Ele está malvestido, cabelos desarrumados e seu olhar não é confiável. Vanessa deve entrar no elevador?

Excluindo as respostas politicamente corretas, a maioria responderia que "não". Sendo assim, por que Vanessa teima em entrar em um relacionamento abusivo sabendo que só lhe trará sofrimento? Na psicologia moderna, o estudo da construção do pensamento alega a existência de quatro entidades: o Eu Pensante, os Gatilhos Emocionais, as Janelas de Memória e o Fluxo.

O Eu Pensante é o detentor da razão, é o responsável por gerenciar as emoções e o centro de sua personalidade. É o Eu Pensante que controla a maior parte de suas ações e lida com seus hábitos e rotinas. Também é o Eu Pensante o responsável por desenvolver o altruísmo e a resiliência. Exercitar o Eu Pensante diariamente é o motivo da criação da autoestima e do amor-próprio. A batalha interna que travamos é fruto da tentativa de mantermos o Eu Pensante sempre no comando das ações, retirando do palco os impulsos – que são reações emocionais descontroladas, as fobias e as neuras. O controle do Eu Pensante não vem naturalmente.

Alguns pensadores associam essa dificuldade com a prisão da liberdade. É a pena que herdamos quando tomamos posse do livre-arbítrio. Como dizia Sartre: "O homem está condenado a ser livre, condenado porque ele não criou a si e ainda assim é livre." São nas Janelas de Memória que armazenamos as nossas experiências mais marcantes. Ocupamos esse espaço no cérebro com informações que vão moldar nossas vidas e nossas ações e reações.

As Janelas de Memória detêm nossas lembranças, sejam elas boas e ruins e é atrás delas que escondemos nossos traumas e medos.

Os Gatilhos Emocionais são os "cliques" que acionam determinadas Janelas de Memória. Esses gatilhos estão associados com a nossa ação e reação a eventos externos de nossas vidas. Um Gatilho acionado fará nosso cérebro se lembrar de emoções e sentimentos baseado em nossas experiências passadas armazenadas em nossas memórias.

O Fluxo é o responsável por trazer uma dada lembrança para o estado do Eu Pensante. O Fluxo despertado pelo Gatilho Emocional buscará informações na Janela de Memória e trará essa lembrança para o processamento do Eu Pensante.

Então como funciona a coisa toda?

Darei um exemplo pessoal. Na infância, eu costumava visitar minha avó após as aulas no período da tarde. Eu sempre chegava em sua casa no início da noite. Todos os dias, meu avô caminhava até a padaria para trazer os primeiros pães quentes da fornada enquanto minha avó passava um café fresco.

Então para mim tudo parecia uma bela orquestra sem ensaios. A primeira coisa que eu sentia ao abrir o portão era o cheiro de café vindo da cozinha. Eu pedia a bênção de minha avó, e, na sequência, meu avô surgia na janela carregando um pacote de pão quente, cheiroso e um sincero sorriso amarelado pelo fumo.

Todos esses dados estão em minha Janela de Memória, e é uma janela boa que me traz paz. Então, o que acontece hoje, depois de adulto, quando eu sinto o cheiro de café ou de pão assando?

Se eu estou na rua andando, o meu Eu Pensante está sob controle, gerenciando minha forma de andar, os cuidados que tenho que ter para desviar de outras pessoas e como vou resolver meus compromissos. Quando o aroma de café chega ao meu olfato, é disparado um Gatilho Emocional, que aciona o Fluxo mental. O Fluxo busca inconscientemente na minha Janela de Memória dos meus avós, as boas lembranças que eu tinha na infância. O Eu Pensante abre um espaço no controle para encaixar os sentimentos que essa lembrança traz. Posso dizer isso com outras palavras: o Fluxo está trazendo as Memórias que foram acionadas pelo Gatilho Emocional por meio do olfato.

A atitude que eu vou tomar diante dessas emoções que agora estão no meu Eu Pensante vai depender da minha maturidade emocional. Eu posso sentir vontade de parar para tomar um café com pão na padaria ou posso parar de andar para curtir a saudade dos meus avós, posso seguir em frente e deixar de lado esses sentimentos e focar nos meus compromissos ou até mesmo me jogar no chão, começar a chorar gritando que a vida é injusta por ter levado meus avós que adoravam servir um ótimo café com pão quente da padaria.

Independentemente da ação que tomar, tudo parte de meu controle em administrar minhas emoções. Isso é ter inteligência emocional.

Durante toda a nossa vida estamos constantemente criando novas memórias e tendo nossos gatilhos emocionais disparados. Não percebemos isso porque o Eu Pensante assume boa parte do trabalho, tornando tudo automático. A situação fica mais intensa quando se trata de emoções como amor, paixão, medo, ansiedade, traumas. Quando não temos maturidade emocional nos depararmos com algumas situações, o Eu Pensante fica confuso em como se comportar, largando o piloto automático e deixando você sozinha para resolver o problema.

Vanessa tinha um relacionamento com um *Embustino* por três anos. A relação não estava bem, Vanessa não se sentia feliz e o namoro ficou tão insuportável que ela resolveu acabar. Ela estava certa de que deveria pôr um fim em seu primeiro namoro que durou o tempo suficiente para os dois.

Certo dia, Vanessa encontrou seu ex *Embustino* aos beijos com outra garota. Ele parecia feliz e Vanessa teve a sensação de que ele havia superado bem o fim da relação. O que ela não esperava foi o sentimento que a cena despertou.

Naquele momento, Vanessa sentiu angústia, ciúme, uma vontade louca de chorar e arrancar o *Embustino* dos braços daquela moça. Ela não conseguia entender, foi ela que acabou com o relacionamento e tinha todos os motivos para isso, por que ela estava sentindo todas aquelas emoções?

O Eu Pensante de Vanessa nunca tinha lidado com aquela situação. Ao se deparar com o *Embustino* beijando outra garota, o Fluxo Mental foi acionado pelo Gatilho Emocional da Paixão, o Gatilho que era acionado sempre que Vanessa encontrava o *Embustino* quando eles namoravam. O Fluxo procurou pela Janela de Memória do *Embustino* e trouxe para o Eu Pensante todos os momentos bons que eles tiveram. Vanessa não lembrou de todas as memórias boas ou ruins, somente teve aquela sensação de como era bom estar ao lado do *Embustino*, os beijos e de como ela sentia ciúmes se outra garota se interessasse por ele.

Ao se deparar com essa chuva de sentimentos e memórias, o Eu Pensante tenta tomar o controle da situação e suas próximas ações dependem de como Vanessa vai lidar com as emoções. Ela será tomada pelo ciúme, incerteza, dúvida, tristeza, mesmo que a razão dite todos os motivos pelo fim do relacionamento. Ela precisará decidir entre assumir o controle ou liberar essas emoções através do impulso.

A maturidade emocional faz você pensar de uma forma racional, controlando as sensações como coração acelerado, pupilas dilatadas, sangue fervendo e raiva. Sem essa maturidade, a próxima ação de Vanessa é liberar tudo, avançando para cima do *Embustino* e da garota que ele está beijando, para tomar satisfações, arranjar uma briga, ser chamada de louca e ser o assunto das fofocas durante algumas semanas – isso é ser impulsiva.

Durantes os impulsos, o seu Eu Pensante, responsável pela razão, é sequestrado e as emoções assumem o lugar de controle. O Eu Pensante é reduzido a um mero espectador.

GATILHOS EMOCIONAIS

Os gatilhos são disparados por motivadores. Situações que fazem nossas memórias virem à tona. Temos diferentes comportamentos para lidar com as memórias ruins e boas. Essas memórias são construídas ao longo de nossas vidas e nossas atitudes são baseadas em nossas experiências passadas.

Essa é a explicação do porquê você não consegue se desvencilhar do seu *Embustino*. Sua mente está recheada de sentimentos como carência e insegurança. Esses sentimentos impedem que sua mente acesse Janelas de Memórias em que o *embuste* não participe. Por isso ele sempre estará vagando em sua memória e a ausência dele ou desinteresse disparará gatilhos de tristeza, alienação, raiva, ciúmes e possessividade.

Você simplesmente não consegue esquecê-lo. É o chamado Ciclo de Memória Fechada. Seus pensamentos ficam viciados em acionar somente as Janelas de Memória associadas ao *Embustino*. Você não esquece ele porque não lembra de esquecer.

Para tirar da memória um *embuste* e superar a relação anterior, você precisará tomar atitudes que lhe parecerão antinaturais. É necessário resgatar o Eu Pensante do sequestro emocional. E, para isso você precisa "pagar" o resgate. É preciso se esforçar para fazer com que o seu Eu Pensante reassuma o controle da mente ocupando a razão. E nesse processo você precisa passar pelas cinco fases do luto emocional.

Existem centenas de Gatilhos Emocionais e para lidarmos com a sedução, paixão e o amor romântico, podemos ter a consciência da existência de dez gatilhos emocionais.

GATILHO DA RECIPROCIDADE

Ele é um homem tradicional e sempre quer pagar a conta do restaurante sozinho. Você é independente tem seu salário e faz questão de pagar sua parte. Por ser intensa demais, vocês acabam discutindo sobre a conta a ser paga. Como ser livre se não consegue pagar uma conta de bar sem brigar? E como ser recíproca nessa parte para evitar futuros conflitos?

O Gatilho da Reciprocidade está relacionado com a parceria. Mostra que ele pode contar com você e que você retribui tudo aquilo que recebe. Disparar esse gatilho vai fazer com ele note o equilíbrio no relacionamento e que não precisa carregar as obrigações sozinho. Ele irá notar isso de forma inconsciente.

Tente retribuir e converter a gentileza do homem, anote mentalmente o valor de sua parte e economize. É melhor estar em paz do que estar certa o tempo todo. Finja que ele está no comando da relação e vire o jogo a seu favor.

Você já iria gastar o dinheiro mesmo e ele tentou pagar a conta pensando em te agradar. Não se trata aqui de uma briga de egos, mas de uma reciprocidade de gentilezas. Para ativar o gatilho da reciprocidade, economize o dinheiro que você iria gastar e compre algo de que ele goste, mas sem muito valor afetivo. Compre algo de fato para ele, não compre algo para você alegando a desculpa de que é para agradá-lo como uma lingerie – isso você deve fazer eventualmente sem necessidade de dias especiais.

Como dica de presente, pode ser algo como uma caneca do time dele, um jogo de videogame, um tênis de corrida, uma cerveja bacana, um vinho. É muito simples agradar um homem, basta dar aquilo que ele gosta. Por vezes as mulheres perdem um tempão e dinheiro tentando dar algo diferente e criativo, quando o cara espera somente ganhar uma caixa de cerveja, o novo jogo do *Mortal Kombat* e um bom sexo depois de encher o bucho de pizza. Faça ele pensar que está sendo recompensando pelo cavalheirismo e que você realmente pensou no agrado.

GATILHO DA URGÊNCIA

Somos impulsivos por natureza e quando precisamos tomar uma decisão urgente acabamos baixando nossas defesas mentais e decidindo baseados no instinto de necessidade. Criar situações em que ele precisará tomar uma decisão rápida para não assumir as consequências caso uma atitude não seja tomada vai disparar esse gatilho. Na Técnica do Gelo, que explico neste livro, o objetivo é disparar a urgência para ele tomar uma decisão. "Você tem até hoje para decidir ou vai me perder."

GATILHO DA RARIDADE

O que é raro, é valioso. Seja uma mulher interessante e de capacidade e atributos únicos. Ser uma mulher única possui seu valor e nenhum homem terá coragem de te perder por causa de alguma aventura sexual. Seja uma pessoa rara, uma pessoa valorosa. Você não precisa ser perfeita, apenas consciente do seu real valor, a ponto de que ninguém possa te trocar. Pessoas ao encontrar com você na vida saberão que não encontrarão alguém semelhante, pois você é rara e foge à regra de todas as outras pessoas.

GATILHO DA FALTA

Platão dizia que somos fundamentalmente aquilo que desejamos e só desejamos o que não temos. Quando você não está sempre disponível, passará a sensação de que o homem não a possui e se ele não a possui, passará a te desejar.

Estar disponível demais inibe o fogo da conquista e ele perderá o interesse. Você não precisa fazer joguinhos, o que deve fazer é continuar vivendo sua vida sendo uma mulher interessante e fazê-lo entender que você estará abrindo espaço em sua agenda para se dedicar a ele, enquanto sua vida não para. Ele não é sua prioridade, mas você possui outros interesses e sua ausência fará falta.

Use expressões como "hoje não posso sair contigo, mas vou desmarcar um compromisso amanhã para sair com você", assim ele entenderá que você possui sua vida social, que ele precisa te conquistar e que você não precisa dele.

Mostre que você é dona do seu próprio tempo, enquanto também demonstra interesse. Jogos emocionais desinteressam homens interessantes.

GATILHO DA FELICIDADE

Já notou como uma pessoa feliz parece mais bonita aos nossos olhos? E como uma pessoa bem-resolvida e bem-humorada chama a atenção de todos ao seu redor? Quando o *Embustino* vê sua felicidade sem ele, isso chama a atenção – bastante atenção. Ele quer saber se ainda possui autocontrole e quando isso não acontece, tentará saber a razão do seu sorriso largo e lindo, por um simples motivo, tentar contornar essa situação. Pessoas felizes irradiam autoconfiança, saúde e sensação de prosperidade. Trazem a calma e a paz de espírito para todas as pessoas de seu convívio. Você também tem a sensação de que pessoas felizes motivam outras pessoas a serem felizes também, certo? Um sorriso melhora o dia de muita gente.

GATILHO DA CURIOSIDADE

Pessoas possuem diferentes níveis de curiosidade, mas todas são curiosas. Não importa o nível de intimidade que você tem com uma pessoa, se você disser que precisa falar algo importante com ela, mas só pode dizer depois, isso fará com que o curioso passe boa parte do dia pensando em você. Atiçar Gatilhos da Curiosidade precisa de cautela. Algumas pessoas são ansiosas demais e não sabem lidar bem com as dúvidas deixadas. E se for usar esse gatilho, cumpra o que você prometeu ou você deixará algumas pessoas frustradas ao dizer que tem algo muito importante para falar e no fim dizer que não era nada demais. A sensação será a mesma que assistir todas as temporadas de *Game of Thrones*, ansiando por um final fantástico e descobrir como acaba o último episódio – uma decepção e um sentimento de que foi enganado.

GATILHO DA ESCOLHA

Um dos motivos da nossa ansiedade é a quantidade de escolhas que temos. Ao exercer nossa liberdade nunca desejaremos errar e por ter várias opções teremos dúvidas de qual será o melhor caminho a seguir e simplesmente não faremos nada ou escolheremos o errado pelos motivos errados. Quer disparar esse gatilho em um homem? Limite suas escolhas.

Bia está combinando com o *Embustino* de irem juntos a um barzinho. Ele pergunta que lugar ela gostaria de ir. Bia por ser insegura ou por gostar de homens de atitude joga a escolha para que o *Embustino* adivinhe os gostos dela. Ela quer ser desvendada. Acontece que o relacionamento está no começo e o *Embustino* precisa de mais informações sobre Bia. Se ela se recusa a colocar opções para o *Embustino*, ele vai acabar escolhendo aquele velho boteco que ele costuma jogar sinuca com os amigos dele para horror de Bia.

Se Bia impor sua vontade, passará a ideia de que sempre terá a palavra final e o *Embustino* carregará a sensação de que ela não é flexível. Melhor fugir dessa impressão em um início de relacionamento.

O que Bia deve fazer é colocar opções de seu agrado para o *Embustino* escolher. Dessa forma ele terá a sensação de escolha, é ele que decidiu o lugar, mas todas as duas opções vão agradar a Bia, deixando-a em sua zona de conforto. Assim, o *Embustino* conhecerá mais os gostos da Bia, notará que ela é interessante por ter lugares preferidos e Bia estará no controle do ambiente da sedução.

GATILHO DA SURPRESA

Quem não gosta de ser surpreendido? Surpresas são ótimas porque remetem à sensação de que a pessoa foi lembrada. Também trazem memórias de épocas boas em que somos presenteados como aniversários e feriados como o Natal. Tente sair da zona de conforto, presenteie seu *crush* com coisas que outras pessoas não pensariam em dar. Ele gosta de escrever? Dê uma caneta. Ele gosta de beber? Dê uma bebida especial. Ele gosta de futebol? Dê uma assinatura do *pay-per-view*.

Não espere dias especiais para disparar esse gatilho. Surpreenda sem exigir nada em troca e em dias que ele nada espera. Aquela lingerie nova é legal, mas se ele for um cara experiente, com certeza outras já fizeram isso e vai parecer um clichê. Que tal mandar sua calcinha para o trabalho dele com um bilhete escrito, "Não vou usar ela hoje à noite, mas traga assim mesmo". Possivelmente ninguém fez isso com ele... ainda!

GATILHO DA AFINIDADE

Encontrar alguém que possua os mesmos gostos estranhos que você é fantástico. Sabe como é difícil encontrar uma mulher que entende de videogames, de seriados medievais, de livros autobiográficos e de cozinha japonesa? Imagina como seria encontrar um cara que sabe cozinhar sua comida favorita, acompanhar e comentar suas séries amorosas e ainda fazer aquele brigadeiro da hora nos seus dias de TPM. Pois bem, na maioria das vezes queremos ser agradados e esquecemos de agradar. Quando quiser conquistar alguém use seus poderes de FBI e procure saber o que seu *crush* curte. Entenda como ele pensa, pesquise coisas ou lugares de que os dois gostem e sempre que possível busque conversar sobre isso. Acionar o gatilho da afinidade trará conforto e segurança para a mente. Ao nos identificarmos com alguém baixamos a guarda e os muros emocionais.

GATILHO DA RAZÃO

Todos os atos possuem um motivo de ser, um fato que a motiva a agir. Isso demonstra que você é uma mulher centrada e coerente, mesmo que, às vezes, seja uma louca de pedra. O que importa no final são as aparências. Apesar de você ser linda de louca, existe um ser racional habitando o centro dessa doideira toda. Use sempre a razão para justificar suas ações. Dessa forma, você passará segurança e interesse ao mesmo tempo que não estará disponível sempre.

O *Embustino* te chamou para sair, você o deseja e quer a mesma coisa, mas não quer passar a ideia de que está tudo fácil demais. Você deverá declinar o convite, justificando que já possui um encontro com suas amigas, mas que estará disponível no dia seguinte e que tem interesse em encontrá-lo, caso ele ainda queira. Muitas mulheres ao se depararem com o convite daquele *crush* que tanto desejam acabam perdendo a sensibilidade de como agir. E tomam decisões pela urgência em aceitar o convite com receio de que ele possa desistir – lembra do Gatilho da Urgência? Você está caindo nele. Recorde-se que para ser uma mulher interessante você precisará assumir o risco de perdê-lo. Ele tomou uma decisão de chamá-la para um encontro e se ele pretende te levar a sério vai respeitar seu tempo, desde que você também demonstre interesse, sem joguinhos e justificando suas ações.

A LINGUAGEM DO AMOR

"OBRIGADO PELAS CONVERSAS, PELA ATENÇÃO, PELOS CONSELHOS INFALÍVEIS, PELO ELOGIO QUE SÓ VEM DE QUEM AMA E, PRINCIPALMENTE, POR TE IMPORTARES COMIGO."

Augusto Branco

Jussara está casada há cinco anos. Não existe dúvidas do quanto ela ama seu marido *Embustino*. Mas ela anda desanimada, não se sente amada. O *Embustino* foi criado em uma família em que não se conversava muito sobre sentimentos e Jussara cobra do Embustino que ele diga que a ama constantemente. O *Embustino* por outro lado não sabe usar as palavras, mas sempre que pode compra coxinha para Jussara e a trata bem. Ele não entende porque essas coisas não são suficientes. Jussara prefere escutar mais declarações de amor do *Embustino*. Ele prefere trata-la bem e isso é suficiente, para ele todo o resto é frescura.

O que tem acontecido com Jussara e *Embustino* é uma disfunção da linguagem do amor. Jussara fala um tipo de linguagem e o *Embustino* outra.

No mundo se fala várias línguas e dependendo do lugar onde nascemos e de nossa educação, somos ensinados a dominar uma linguagem primária. Durante nossas vidas podemos aprender uma segunda língua, com a prática até podemos dominá-la e ocasionalmente usar recursos de comunicação, como mímicas, sinais e desenhos.

Gary Chapman, um conselheiro conjugal e estudioso na área de relacionamentos, criou um estudo sobre o motivo de relacionamentos não darem certo e desenvolveu a tese da linguagem do amor. Existem cinco linguagens que podem fazer você entender exatamente como suprir as necessidades de amor do seu parceiro e entender como o amor dele fala.

LINGUAGEM 1 – PALAVRAS DE AFIRMAÇÃO

Por que temos dificuldade em elogiar uns aos outros? Sinto que isso ocorre porque temos medo de passar a impressão errada. Eu mesmo já tive uma experiência que me fez desistir de usar elogios, principalmente com o sexo feminino.

Certa vez fui dar carona para um casal de namorados que são amigos meus até um baile de formatura da nossa amiga em comum. Como erámos muito amigos, já existia uma certa intimidade, daquelas de poder falar abertamente sobre qualquer assunto. Ao entrarem no carro fiz um elogio, disse que estava bonita naquele vestido e juro por todos os deuses que eu não tinha nenhuma segunda intenção além de ser gentil.

O namorado que também era meu amigo tentou disfarçar, sem sucesso sua cara de ciúme. Eu achava que o conhecia bem, mas naquela noite descobri que não era tão bem assim. Aquele pequeno elogio foi o suficiente para aflorar a insegurança de meu amigo e a noite do casal acabou em uma discussão. Naquele dia aprendi a ser gentil de outras maneiras e parei de elogiar. O que descobri mais tarde é que o relacionamento deles estava em crise e que já vinham discutindo sobre a falta de elogios da parte dele, que desencadeava nela a sensação de que não era amada ou simplesmente uma insegurança.

Para mim os motivos das discussões são óbvios. Essas constantes reclamações da namorada se devem ao fato dela falar a primeira linguagem do amor: palavras de afirmação e o namorado não entender o que esse "amor" fala.

Para a namorada se sentir amada é extremamente necessário que ela receba palavras encorajadoras, bondosas e elogios. O namorado, por sua vez, nunca entendeu essa necessidade e sempre achou besteira esse tipo de atitude. Possivelmente os dois tiveram criações diferentes e priorizavam outras atitudes. Ela acaba sendo a sensível e ele o grosseiro. Existia amor, disso eu não tenho dúvida, mas faltava comunicação entre os amores de ambos. E ao dedicarmos nossas forças a algo ineficiente com o tempo esse esforço passará a ser cansativo. É legal tentarmos nadar contra a correnteza, tentar superar todas as barreiras, mas inevitavelmente vai nos faltar fôlego e a solução será apenas nos deixar levar pelo fluxo.

Ela precisava sentir que o que estava fazendo era útil e receber palavras de carinho e elogios motivavam minha amiga a se tornar cada vez melhor para retribuir essa gentileza. Por mais que ela soubesse que era linda, precisava escutar isso do namorado para entender que estava o agradando.

Por mais que ela soubesse que era boa em seu trabalho, ser elogiada por um serviço bem feito era o que a faria tentar melhorar na tarefa seguinte. E os melhores elogios eram aqueles que ela não esperava receber. O que ela queria ouvir era como ficava linda naquela camiseta largada no sofá assistindo uma série romântica da Netflix ou de como ela ficava sexy com o cabelo amarrado de qualquer jeito para cima.

Ele nunca entendeu isso.

LINGUAGEM 2 - QUALIDADE DE TEMPO

"A VERDADEIRA FELICIDADE CUSTA POUCO; SENDO CARA, É PORQUE A SUA QUALIDADE NÃO PRESTA."

François Chateaubriand

Ele é um ótimo namorado, sempre procura saber como estou, mas, quando estamos juntos ele não larga o celular. Esse tipo de reclamação é comum para quem fala a linguagem da qualidade de tempo.

Existe a frase que diz que para estar juntos não precisa estar perto e concordo demais com essa afirmação. Também concordo que quando estiverem perto vocês devem estar juntos. Não adianta nada vocês estarem em um barzinho perto um do outro, mas longe navegando nas redes sociais se aproximando de outros que não estão ali.

Ter um tempo juntos é necessário, prezando pela qualidade desse momento. Ter qualidade de tempo não é apenas diminuir a distância física entre os dois, é criar boas memórias que sustentarão toda a relação e as experiências individuais de cada um.

Se ele quer fazer algum tipo de programa que você não curte muito, tente se aproximar e entender o motivo para ele gostar tanto dessa atividade. Você nem ao menos precisa se esforçar para gostar das mesmas coisas que ele, mas entenda que esse tipo de atividade é o que lhe dá prazer, é nisso que ele construirá boas memórias, por isso garanta presença nesses momentos. Ele associará essa qualidade de tempo a você. A lembrança que ele terá é que você é uma mulher parceira e presente.

LINGUAGEM 3 - RECEBER PRESENTES

RECEBER PRESENTES É COMO GANHAR UMA LEMBRANÇA EMBRULHADA EM DEDICAÇÃO. ALGUÉM LEMBROU DE MIM E FEZ QUESTÃO DE ME MOSTRAR ISSO.

Posso dizer que esta é minha linguagem do amor. Sou péssimo em receber elogios, não faço muita questão se a pessoa que está perto de mim está me dando tanta atenção, mas eu adoro receber presentes.

Não apenas adoro receber presentes como amo presentear. Essa é a forma como eu encontro para dizer que sinto saudades ou amo alguém. Cresci em uma família em que não costumamos falar uns para os outros que nos amamos, apesar de isso ser visível. E até quando eu era adolescente achava estranho encontrar pais que falavam "eu te amo" tão abertamente e em público para seus filhos. Claro que eu achava isso estranho por não ser um hábito meu, não fui educado para dizer palavras de amor, apesar de compreender perfeitamente que existe esse sentimento não dito na minha casa.

Em compensação, amamos nos presentear. O ato de dar presentes não é reduzido a simplesmente comprar qualquer coisa. Para escolher um presente existe todo um processo que vai desde a lembrança da pessoa presenteada, se colocar no lugar do que ela gostaria de ganhar, o sacrifício financeiro e de tempo, e, enfim, a entrega.

Dar e receber presentes é o estabelecimento de um vínculo, uma aliança formada entre quem dá o presente e quem o recebe. Quem fala a linguagem do amor em receber presentes possui a necessidade de materializar esse sentimento em algo físico. Aquele objeto recebido é a lembrança de que alguém te mantém na memória e se dedicou a demonstrar isso.

Um erro comum de quem tem um parceiro que fala essa linguagem do amor é a falta de empatia. Para demonstrar esse afeto, você não deve presenteá-lo com algo que você gostaria de ganhar. O presente não é para você. Você deve procurar saber do que ele gosta, mesmo que você odeie essa mesma coisa. Se ele gosta de cerveja, dê um copo ou alguma cerveja especial, mesmo que você não beba ou não entenda nada de cervejas. Por isso, comprar um batom novo para você com a desculpa de que é para usar com ele, não vale. Mesmo que ele diga que ama vê-la com aquele batom roxo que não por coincidência você também ama.

LINGUAGEM 4 - FORMA DE SERVIR

PORQUE NÃO É PELA VIA DE LINGUAGEM QUE EU HEI DE TRANSMITIR O QUE EM MIM EXISTE. É COM MINHAS MÃOS QUE DEMONSTRO O QUE EXISTE NO MEU CORAÇÃO.

Sabe aquele cara que foi criado com uma mãe servidora e possivelmente espera que você faça tudo que a mãe dele faz por ele? Pois bem, esse é o típico cara que fala a linguagem da forma de servir.

Ele ama você e é pela forma que você o serve que ele sentirá que é amado. Todas as linguagens do amor possuem uma base psicológica, geralmente enraizada na criação. Possivelmente ele irá associar a forma como é servido com o amor que a mãe ou a avó ofereciam a ele. Era assim que elas demonstravam o sentimento e é assim que ele espera recebê-lo de você.

Nunca confunda essa linguagem de amor, da forma de servir, com uma servidão exagerada. Se você está disposta a entender essa linguagem do seu parceiro, sempre exija uma reciprocidade nos sentimentos. Você deve ser uma mulher amada com a mesma intensidade que ama, não uma empregada doméstica, muito menos bancar o papel de mãe de macho adulto.

LINGUAGEM 5 - TOQUE FÍSICO

"O CONTATO FÍSICO, O TOQUE DA PELE, O AFAGO... TUDO ISSO É APENAS UMA PARTE DO QUE CHAMAMOS DE AMOR"

Erika Carvalho

Um dos nossos sentidos mais poderosos é o tato. Desde crianças somos naturalmente motivados a explorar essa nossa característica. Quando bebês, somos abraçados, beijados, paparicados e isso faz parte do nosso desenvolvimento mental.

É com o toque físico que comunicamos boa parte da nossa linguagem corporal. Ao sorrir emitimos o convite de que está tudo bem com a aproximação, andamos de mãos dadas para afirmar para a sociedade que somos um casal, abraçamos para demonstrar carinho e afeto e beijamos na boca para demonstrar interesse amoroso.

Para homens que falam essa linguagem do amor, o sexo é fundamental. Não adianta você se esforçar para elogiá-lo, comprar o presente ideal, fazer um jantar maravilhoso, se no fim ele não tiver contato físico e sexo. Essa é a linguagem dele e demonstrações de afeto durante um filme ou enquanto ele dirige, beijos de despedida e de chegada, abraços espontâneos são mais importantes.

DESCUBRA A LINGUAGEM

Para você entender como seu parceiro pensa ou em como conquistar aquele seu *boy* magia, é necessário que você descubra qual linguagem do amor ele possui. Mais importante que isso é você também entender qual linguagem você fala.

Ao descobrir isso, será muito mais fácil entender porque seu parceiro não costuma falar "eu te amo" ao mesmo tempo que é um ótimo marido e pai. Você pode achar que ele é um homem insensível ou apenas um grosseirão que não sabe falar de sentimentos. Mas ao entender as linguagens do amor, você compreenderá que o modo como ele demonstra que te ama é outro: ele mantém a casa em ordem, busca o filho na escola, lava seu carro, põe o lixo para fora. Enquanto a sua linguagem de amor são palavras de afirmação: você gosta de elogios e de escutar o quanto é amada.

Esse tipo de entendimento pode diluir suas frustações e inseguranças, descobrindo que pessoas amam de maneiras distintas e demonstram isso de formas diferentes. Vocês só estão errando na linguagem utilizada para se comunicar.

Essa informação também será importante na fase da conquista. Se você tem um *crush* na mira e quer saber como fisgá-lo um ótimo início seria descobrir que tipo de língua ele fala.

MULHER SENSUAL

Os casamentos eram cultivados por outros fatores que não o amor. Eram motivados por política e sobrevivência, de forma que as relações entre marido e esposa eram distantes e mantidas somente para saciar o status social.

Não havia de fato um relacionamento e o objetivo final era simplesmente a procriação. Dessa forma a utilidade da mulher era ser fértil. Existia muitos mistérios quanto à sexualidade feminina, tabus e lendas que afirmavam como a mulher não sentia prazer, que ela não deveria ser sensual e que isso era para vagabundas e prostitutas.

Ser sensual não está tão relacionado com o sexo quanto se pensa. Apesar das palavras *sexy* e sensual andarem juntas, não são exatamente a mesma coisa. Uma mulher *sexy* explora completamente a parte sexual. Ela usa uma linguagem corporal que busca disparar os gatilhos emocionais relacionados ao sexo e a libido. Ser *sexy* é usar roupas mais ousadas que dão asas à imaginação masculina.

Por sua vez, uma mulher sensual usa manobras de sensualidade com o objetivo de disparar os gatilhos emocionais da paixão. São essas mulheres que fazem os homens cogitar leva-las a sério ao mesmo tempo que as desejam.

Ser *sexy* faz as pessoas quererem te levar para o quarto, ser sensual faz quererem te levar para o quarto e te apresentar aos amigos e à família. E nada impede que você seja as duas coisas.

Nunca tivemos tantas mulheres sexualmente frustradas. Com a liberdade sexual feminina, mulheres começaram a quebrar o tabu ao redor do sexo e aprenderam que também possuem o direito de sentirem prazer. Mulheres adquiriam novas habilidades e experiências sexuais, a frustação sexual passou a ter origem na falta de informação masculina em como agradar uma mulher na cama. O machismo impede que eles busquem agradar as mulheres ou simplesmente, por puro egoísmo, não se importam com o prazer feminino.

Portanto, esqueça a ideia de que para seduzir um homem é preciso ser muito boa de cama. O sexo atrai o homem, mas não o prende. Algum homem já disse que estava confuso sobre os sentimentos que tinha por você? Pois é, o conflito está entre a cabeça de baixo e a de cima, elas nunca falam a mesma língua.

Colocarei aqui alguns preceitos que tornam uma mulher sensual. Obviamente a lista não se resume ao que escrevi aqui e mesmo que você acabe de ler esse capítulo, tenha consciência de que não será capaz de seduzir todos os homens do universo.

Cada pessoa é um mundo e cada mundo trabalha diferente. Talvez seu conjunto de qualidades não agrade o cara que você quer. O que pode parecer sensual para alguém, não necessariamente será para todos. Saiba explorar o caminho que você deseja percorrer. E se você espera ser sensual para conquistar aquele cara que te deu um fora, só para se vingar e massagear o seu ego, escolha outro caminho.

UMA GAME PLAYER

Tudo na vida é um jogo. Você aposta suas fichas e tenta recolher o máximo possível sem se arriscar tanto. No jogo da sedução não é diferente. Você deve se tornar uma Game Player – uma jogadora no jogo da conquista.

Todo jogo tem regras e apesar do jogo da sedução ser algo complexo as regras são simples.

Para ser uma *Game Player* de sucesso, você precisa absorver as regras e exercitar sua intuição. Não basta apenas conhecer o ritmo do jogo, precisa dominar e detectar os detalhes da conquista. Precisa aprender a ler a linguagem corporal e retribuir com sinais semelhantes, precisa entender a linguagem do amor e a disparar corretamente os gatilhos emocionais do seu "desafiante".

As regras desse jogo são as seguintes:

É preciso dois jogadores: não adianta querer jogar um jogo da sedução com alguém que já demonstrou não estar a fim de você. Aprenda a respeitar a opinião do outro antes de chamá-lo para a conquista. Se você foi dispensada por alguém, garanta que nunca mais vai se humilhar por ele.

Procure o equilíbrio: saiba a hora de dizer sim e dizer não. O jogo da sedução é como um cabo de guerra, mas o objetivo não é puxar toda a corda. Ganha quem a manter no meio com mais frequência, até que um dos lados ceda. Se você puxar demais, ele irá desistir; se for fraca demais, a brincadeira perde a graça.

Saiba a hora de desistir: todo jogo chega ao fim e você não tem garantias de que pode ganhar todas. Se ele começar a demonstrar desinteresse demais, é hora de você guardar as peças na caixa e procurar outra pessoa para jogar. Você é uma mulher interessante, não precisa de migalhas de alguém que não entende o jogo. Seja uma *Game Player* eficiente.

Agora você precisa entender quais são suas peças no jogo. Uma boa *Game Player* precisa entender bem seu *kit* de sedução para usar sabiamente suas jogadas.

1. CONHEÇA SUAS QUALIDADES E CARACTERÍSTICAS SENSUAIS

O ponto de partida para se tornar uma *Game Player* é entender quais são as suas qualidades sensuais. Não adianta dizer que não possui nenhuma, todos temos algo atraente que pode ser explorado e melhorado. Nem tudo se trata de corpo físico. Claro que corpos podem ser melhorados, mas as outras habilidades são únicas de cada um.

A inteligência é sensual, aquelas covinhas quando você sorri, a forma como você amarra o cabelo ou ajeita seus óculos de grau. Talvez você não seja consciente das suas características sensuais, por isso precisará descobri-las, pode ser fazendo uma autoanálise ou perguntando a opinião de alguém.

Aproveite para fazer uma caixinha de perguntas e respostas no seu Instagram. E não se sinta mal se alguém tentar te inferiorizar. Até as pessoas mais bem-sucedidas recebem críticas, com você não vai ser diferente. Seja firme e consciente do seu poder. O jogo começa agora.

Você precisa lidar também com seus defeitos. Todos nós temos defeitos, isso não é novidade para ninguém, mas saber lidar com eles é outra história. Algumas pessoas tendem a levar tão a sério suas falhas que parecem carregar uma melancia no pescoço no meio de tanta gente. É como descobrir que sua camisa está furada só depois que saiu de casa. Você criará um fantasma na sua cabeça de que todo mundo está olhando para você, só porque está com uma camisa furada, o que de fato não é verdade. Claro que algumas pessoas notam, mas quem nunca passou por isso? Aceite que é natural, então sua melancia vai ter o tamanho de uma uva.

2. CONFIANÇA

Uma *Game Player* carrega uma mala de confiança. Uma mulher sensual tem conhecimento de suas qualidades, diminui seus defeitos e isso traz autoestima. Ser confiante eleva a sua postura e energia por onde passa. É aquela mulher que se garante e tem ideia de seu valor. Mas note, ser confiante não é sinônimo de humilhar os outros. Seja humilde com aqueles que desconhecem seu poder.

3. INTERESSANTE

Uma mulher interessante é uma *Game Player* que quase nunca perde. E se ela perder o foco da sedução, na verdade, quem perdeu foi ele. Seja uma mulher interessante.

4. CONHECER O ALVO

Conheça seu adversário no jogo da sedução. Quando se conhece a si mesmo, mas não o seu inimigo, para cada vitória você terá uma derrota. Se você não conhece o inimigo, nem a si mesmo, perderá todas as batalhas.

Procure afinidades, use sua intuição feminina para descobrir do que ele gosta e do que ele não gosta. Como são suas amizades, seu caráter e sua família? Decore nomes de pessoas importantes, como aquele amigo das fotos, o nome do cachorro, dos sobrinhos e primos. Esses detalhes dizem muito sobre ele e faz você ganhar pontos de *Game Player*.

5. DESCUBRA A LINGUAGEM

Descubra qual linguagem do amor você fala e descubra a dele. Isso te dará pistas de como agradá-lo. Também aprenda a ler e a usar a linguagem corporal corretamente. O jogo da sedução não se trata de ser cortejada, trata-se de você entender como ele joga e antecipar suas investidas. Para ele ir até você precisará de motivação. Você dará motivos e ele seguirá seus passos. Na dança do acasalamento quem conduz é o homem, mas quem escolhe a música e o ritmo é a mulher. Ele só acha que está no controle, mas quem manda na porra toda sempre será você. Portanto, descubra como ele se comunica no amor, seja interessante, dispare os gatilhos emocionais, não faça joguinhos de chantagem, leia a linguagem corporal, demonstre interesse e saia vitoriosa nesse jogo.

6. SAIBA CONVERSAR

Para manter uma conversa interessante é necessário que você faça perguntas, pensando nos tipos de resposta que ele dará. Você não pode fazer perguntas fechadas que levem a uma resposta objetiva como "sim", "não" ou "talvez" – todo "talvez" é para matar a conversa. Procure se colocar no lugar dele e procure fazer a conversar fluir. Faça perguntas com respostas subjetivas.

Como no exemplo:

Em vez de perguntar: foi ao cinema? Pergunte: o que você achou do filme? Em vez de: você foi à praia? Pergunte: o que você fez no final de semana?

Essas perguntas geram mais assunto e outras abordagens e a conversa seguirá o próprio ritmo.

Busque assuntos por afinidade, assim a conversa fluirá naturalmente. Evite a timidez e combata a ansiedade. Preste atenção no seu sorriso e nos gestos corporais dele.

Caso ele comece a responder com poucas palavras e ser monossilábico é hora de encerrar a noite. Ele não tem interesse ou é desinteressante.

7. SAIBA OUVIR

Temos dois ouvidos e uma boca. Isso quer dizer que devemos ouvir mais e falar menos. E quem fala menos, erra menos. Eu sei que você tem uma opinião formada e está se coçando para falar o que você pensa sobre o último filme dos Vingadores. Mas você já experimentou ter uma conversa com um homem que tem orgulho de falar de si mesmo o tempo todo? É um saco! Então não seja essa pessoa. Fale menos de você, escute mais o que o outro tem a dizer, tire suas conclusões e exponha sua opinião sempre que for necessário. Uma Game Player precisa analisar o ambiente que está entrando. E se ele fala demais, repense, ele pode ser orgulhoso o suficiente para não se interessar por você.

ALERTA

Nunca use seus poderes de sedução para se vingar ou pisar em um homem. Seja, sobretudo, uma pessoa emocionalmente responsável. *Game Players* não tem tempo a perder com massagens artificiais no ego. Você deve ter como meta buscar a compreensão do outro, não virar aquilo que estamos combatendo – uma *Embustina*.

Ele pode até merecer uma retaliação por ser um *embuste* e a vontade é de escancará-lo para todos fazendo-o passar pelo que você passou, mas qual seria o objetivo disso? Para que passar por um desgaste desses que não te acrescenta nada?

E se você acha que as dicas reunidas aqui vão fazer você devolver a bola da energia negativa para ele, sinto dizer que você está entrando em um caminho sem volta. Use seu poder de sedução para buscar sua felicidade e atrair pessoas positivas.

Acredite, nada mais gostoso do que construir sua felicidade junto de uma pessoa que você realmente queira e carregada de energia positiva. Com pessoas assim, até sua pele fica melhor – a sanidade agradece.

CHAMAR ATENÇÃO?

Acredito ser totalmente desnecessário a ideia de que é preciso chamar mais atenção do que os outros para se sentir atraente. Se uma pessoa te conhece e curtiu seu jeito, se sentiu atraída fisicamente e demonstrou isso, você já chamou o tipo certo de atenção. Mas, se você conheceu alguém legal, aquele cara fofo que é seu número e precisa que ele te note, esse texto é para você.

Algumas pessoas reagem de forma diferente em determinadas situações, por isso não se surpreenda. Passe a entender o porquê daquela pessoa ter aquela atitude. Estamos falando de pessoas e toda pessoa é uma história única. Seus medos, angústias, fobias e decepções. Para conquistar uma pessoa você precisa conhecê-la.

O altruísmo é o veículo da empatia. E sem empatia não tem como existir um envolvimento emocional. Você precisa se colocar na posição do outro e entender sua história. O ser humano é naturalmente egoísta, partindo do pressuposto que priorizamos nossa própria sobrevivência, mas nos deparamos com situações no qual a mulher afirma "ele é ideal para mim, tem tudo que quero em um homem", mas esquece de que um relacionamento é feito de duas pessoas ou mais em alguns casos e que os dois precisam estar alinhados emocionalmente.

Isso significa que para cativar alguém, você deve saber o que ele procura em uma mulher. Não basta somente ele preencher sua lista mental de requisitos, você precisa preencher a dele e de forma correta e no momento certo. Só assim você criará novos gatilhos emocionais e chegará ao ponto em que sua presença trará para ele memórias que valham a pena ser mantidas. Ele associará sua imagem à felicidade.

NINGUÉM ME NOTA NA BALADA

Todas as suas amigas vão para a balada e conseguem atrair um homem, mas você é a única que fica sozinha e não recebe nenhuma cantada. Quando você realmente está interessada em ficar sozinha, isso não é um problema, a coisa fica ruim quando você espera chamar a atenção de alguém e mesmo que você não se importe, convenhamos, isso acaba afetando seu ego de alguma forma, levando-a a pensar: "o problema é comigo?"

Vou contar um segredo que não é tão secreto assim: os homens, em geral, são inseguros. Muitos machos não sabem lidar com um "não" ao abordar uma mulher e com exceção dos bêbados e dos machos alfas que sabem lidar com as negativas ou saem dando em cima de qualquer coisa que se mova, a maioria não sabe abordar uma mulher que não demonstrou nenhum interesse.

Imagine aquele salão de uma balada, Otávia e suas amigas usando a visão periférica que só as mulheres possuem. Juntas varrem os rostos das pessoas presentes em busca de potenciais *crushs*.

Aqueles que estão acompanhados são descartados, outros com atitudes de que estão escondendo alguma coisa também. Mas sempre tem aquele *boy* bonitinho que ela pode acabar achando interessante. Otávia espera ser notada e simplesmente torce para que ocorra alguma intervenção divina para que isso aconteça. Colocando de lado os milagres da fé, preciso dizer que os deuses não intervêm no livre-arbítrio das pessoas e não o farão magicamente se apaixonar por Otávia. Muito menos se ela continuar de braços cruzados e escondida por trás daquela pilastra no meio do salão.

Otávia precisa tomar atitudes e ações para chamar a atenção dele e sinalizar que tem interesse. Ela precisará disparar os gatilhos emocionais para que ele fique à vontade para uma aproximação. Otávia precisa iniciar sua caçada e partir para a ação!

Você é uma *Game Player* melhor do que Otávia e iniciará a dança do acasalamento antes dela, ensinando como se deve fazer:

1. OLHAR INSISTENTE

O olhar é o primeiro contato que você fará com sua presa. Homens são visuais e procuram por mulheres interessadas nele. Você já deve ter notado nos lugares públicos como os homens flertam com mulheres e ficam sondando com sua visão tunelada (forma de túnel) como elas estão vestidas. Homens não sabem disfarçar seu olhar. Eles precisam virar toda a cabeça e fixar os olhos onde querem enxergar. Isso é biológico. Enquanto as mulheres conseguem ver melhor o que acontece do seu lado.

Ao encontrar um homem de seu interesse, capture a atenção dele com um olhar fixo e prolongado. Não finja estar olhando, você realmente precisa olhar fixamente para ele.

Eu já falei que homens são burros, né? Isso vale para sua ação aqui. Não basta você olhar uma vez, nem duas vezes, você deve encará-lo de cinco a dez vezes. Em um primeiro momento, ele vai desviar o olhar e isso acontece porque os homens não querem demonstrar que estão atraídos por você ou passar a impressão errada de que são inseguros ou de que são algum tipo de louco psicopata. Ele precisa primeiro de sua autorização para poder conversar com os seus olhos.

2. O SORRISO

O segundo passo é o convite para a aproximação. Você precisa sorrir quando ele passar o olhar por você. O sorriso é a porta de entrada para o coração e você o está convidando para ver isso de perto. Sorrir passa a ideia de que você está aberta ao diálogo e de que você não é uma ameaça. Ele entenderá que pode se aproximar sem receber um "não".

O gatilho emocional será ativado e ele terá a consciência de que deve tomar uma iniciativa. Lembre-se que o homem sempre prefere estar no controle da situação, apesar de ser você quem decide isso. Uma mulher sempre tem o poder de decisão, apenas deixe que o homem ache que é ele quem manda. Uma doce ilusão.

3. APROXIMAÇÃO

Ele já recebeu seu sorriso como convite e foi capturado pelo seu olhar. Ficou seguro o suficiente para tentar uma aproximação e para isso tomou cinco doses de coragem – também chamado de vodca ou uísque.

Entenda que nessa aproximação o homem ainda estará inseguro, sem saber qual será a sua reação. Ele só possui uma leve certeza de que não será rejeitado. Não esqueça que os homens são motivados pela conquista e mesmo que você esteja convencida que está a fim, precisará continuar a dança do acasalamento. Você precisa continuar disparando os gatilhos corretos e fazer com ele veja valor em você.

Difícil demais é ruim, fácil demais é péssimo. Para um homem, se uma mulher diz "não", ele escutará um "talvez"; se você falar um "talvez", ele escutará um "sim"; e se você falar um "sim", ele não te levará a sério. Por isso use "talvez" com sorrisos e nunca um "sim" de imediato. Deixe-o achar que está conduzindo a dança, faça-o pensar que ele pode te conquistar.

O tempo médio de conversa necessária para vocês concluírem que estão interessados um no outro é de quatro minutos.

Nesse tempo você já terá uma ideia formada. Pesquisas apontam que nossas opiniões sobre uma pessoa giram em média de 60% a 80% baseadas na linguagem corporal. Isso significa que atitudes valem mais do que palavras para causar uma boa primeira impressão. Se isso vai se prolongar, só dependerá da intimidade entre vocês.

4. CONVERSA

Homens gostam de humor e nada melhor para quebrar o gelo do que fazer uma piada sobre a situação em que vocês se encontram. Continue sempre sorrindo.

O humor aciona a liberação de serotonina, um hormônio associado ao bem-estar. Mantenha sua leveza e positividade e se torne a serotonina dele.

5. GESTOS

Durante o papo você precisará tomar algumas ações em relação ao comportamento do seu corpo para ativar os gatilhos mentais dele, para que seu subconsciente agregue valor a você.

Além das dicas expostas no capítulo sobre linguagem corporal, use a aproximação ioiô. Essa manobra serve para saber se o homem está interessado. Tente invadir aquele espaço mínimo entre vocês dois brevemente e voltar. Você fará essa aproximação, invadindo o espaço de forma casual, sem pretensão. Caso ele naturalmente se incline em sua direção, o alvo está no papo.

Mais uma vez, deixe o homem achar que está no comando. Com essas atitudes ele vai achar que está ganhando, mas quem deu as cartas foi você.

É muito importante mostrar sua feminilidade através de gestos femininos. São aqueles que demonstram sua sensualidade. Quebrar o pulso, cruzar as pernas exibindo as coxas, disparam gatilhos de interesse nos machos.

Homens adoram mulheres femininas e realçar isso com seus gestos naturais acionará nossos gatilhos emocionais de desejo. O cruzar de pernas é altamente poderoso, é algo único e altamente feminino. Saliento que o sorriso é o mais importante de todo o processo de sedução de uma *Game Player*. Por que? Porque o sorriso faz parte do movimento de causa e efeito. O sorriso passa impressões positivas e quem sorri estimula outras pessoas a fazer o mesmo.

Mas fique alerta: o sorriso é um convite, você já sabe disso e homens são burros, isso você também já sabe. Por isso alguns *Embustinos* não conseguem diferenciar os sinais que as mulheres emitem. Mulheres simpáticas e bem-humoradas que sempre carregam sorrisos em seus rostos vão atrair o *Embustinos* da pior espécie como: homens comprometidos e homens interessados somente em sexo.

Afinal, se o sorriso é um convite alguém que sorri sempre é uma desesperada, e não é, mas eles acham que é. Sorrir demais também é um sinal de carência e de que são presas fáceis demais para os *Embustinos* de plantão.

Use sempre seu sorriso como distração e atração. Faço um adendo aqui para aplicativos de relacionamento. Se você é adepta de aplicativos de paquera como Tinder, Happn, Badoo, etc. Procure sempre colocar fotos sorrindo, com uma *vibe* alegre. Mesmo que você não esteja feliz no momento, as aparências é que contam. Quanto mais positividade, mais atraente você fica.

UMA LINDA NO PRIMEIRO ENCONTRO

A ansiedade bate. Chegou a hora de você se arrumar para encontrar aquele *Embustino* interessante. É a primeira vez que vocês saem sozinhos e você quer abalar as estruturas do *boy* magia.

O primeiro passo para tornar esse momento mais do que interessante é não se cobrar demais. A leveza é e sempre será sexy.

Ao escolher uma roupa tente ser você mesma. Não exagere escolhendo roupas que não fazem seu estilo ou que escondam suas qualidades. Vista-se para você e se sinta à vontade. Caso você queira somente uma noite de sexo sem compromisso, pode apelar para sua roupa mais *sexy* com aquele decotão ou aquele vestido embalado à vácuo. Mas se quer algo além de sexo, seja você mesma. Não use máscaras e seja autêntica. Roupas *sexys* levarão ao sexo. Roupas "você mesma" levam a quem você realmente é.

Seja realista. Sei que é impossível não criar esperanças. Existem aquelas mulheres que já estão imaginando desde o primeiro beijo o nome dos filhos e como será o casamento dos dois. Mas não crie ilusões. Seja responsável com sua saúde mental. Apesar de ser gostoso imaginar um futuro que está somente em sua cabeça, talvez ele não pense da mesma forma. E é nesse desencontro que surgem as frustações. Você imaginou uma coisa e para ele era outra. Saia para se divertir, conhecer alguém que pode ser legal. Uma oportunidade foi criada e você vai aproveitá-la sendo você mesma e deixando que ele se mostre como deve ser. No fim das contas, se não der certo, o momento ficou e a dúvida foi sanada – ele não era o príncipe encantado de seus sonhos, é apenas o cavalo.

Antes do encontro, procure afinidades e nesse início evite tocar em assuntos conflitantes como ideologias política, religião, times de futebol e se você coloca o feijão por cima do arroz ou arroz por cima do feijão. Conheça a linguagem corporal do espelhamento.

Se ele beber um copo, beba em seguida; se ele limpa a boca, faça o mesmo. Se ele toca na comida, também faça isso. Aja de forma natural, senão ele notará que você o está imitando. Se fizer de forma correta, a conversa irá fluir no tempo certo e ele terá um gatilho disparado de que você sente a mesma coisa que ele. Sede, fome e afeto.

Quando as pessoas sentem emoções sincronizadas, seus gestos também ficam sincronizados. É por isso que casais com vários anos de relacionamento têm os mesmos hábitos e acabam até parecidos um com o outro.

Deixe a negatividade para trás. Não fale do seu passado e de seus anseios. Não fale de suas experiências frustradas. Não reclame de pessoas ou lugares. O homem não consegue lembrar de todas as conversas palavra por palavra, absorvemos cerca de 10% do que foi conversado, mas somos capazes de armazenar o que sentimos durante o encontro – as emoções.

Se você for negativa com expressões fechadas e pontuando os defeitos das outras coisas e pessoas, será esse tipo de sentimento negativo que ele atribuirá a você: é apenas uma mulher que reclama demais.

Cumprimente-o com firmeza e sem hesitação. Mantenha a postura e cabeça ereta, transmitindo confiança. Fique a uma distância segura entre vocês dois durante a conversa; não fique longe demais para não parecer desapegada, nem perto demais para parecer fácil e desesperada.

Seja uma boa ouvinte e mantenha o equilíbrio no tom de voz. Evite gesticular demais e seja natural. Se você é de gesticular naturalmente, não tem problema, esse é seu jeito. Mas se você age de forma fingida, ele saberá que você está nervosa ou é insegura, tornando-se uma presa fácil.

Preste atenção no assunto da conversa. Homens gostam de ser admirados e de se sentirem importantes de algum modo. Gostam da impressão de que estão lhe dando lições de vida. Faça comentários no momento certo e não o interrompa para expor seu ponto de vista, use os porquês e prolongue o assunto.

Tente apresentar um outro ponto de vista e termine as frases dele com um "nossa, que interessante, não tinha pensado por esse lado" ou "irei refletir sobre isso, faz sentido". Ele vai cair fácil nessa.

Em algum ponto do encontro, tente elogiá-lo com sabedoria. Procure detalhes que provem que você o notou. Sempre coloque o "você" no início da frase. Use expressões como "você ficou lindo nessa camisa", "você ficou bem com esse perfume", "você me trouxe para um lugar legal". No final, seja grata!

Agradeça pelo encontro e pelos momentos que passaram juntos. Elogie o local, a comida, o atendimento. Assim ele notará que foi reconhecido e que fez a diferença.

Use palavras firmes e frases como "Vou falar sério agora, obrigado pelo carinho, por ter pagado a conta, por me buscar em casa, por ter me servido a bebida e pela escolha do local" - mesmo que você tenha odiado, guarde isso para você. Assim ele se sentirá motivado a te agradar mais. Afinal, ele recebeu reconhecimento pelo esforço.

LIDANDO COM A TIMIDEZ

"CONHECE-TE A TI MESMO E CONHECERÁS TODO O UNIVERSO E OS DEUSES, PORQUE SE O QUE PROCURAS NÃO ACHARES PRIMEIRO DENTRO DE TI MESMO, NÃO ACHARÁS EM LUGAR ALGUM."

Sócrates

A base da timidez é a "não-aceitação". Uma pessoa se torna tímida no momento em que desenvolve uma certa preocupação com as suas atitudes, acreditando que não serão aceitas por outras pessoas. Uma pessoa tímida acha que não possui características boas o suficiente para atrair reações e pensamentos positivos de outras pessoas, dando valor demais às opiniões alheias.

As tímidas não possuem conhecimento de seu próprio potencial, indignando pessoas ao seu redor. Elas assumem comportamentos diferentes de acordo com a situação. Com sua melhor amiga ela domina a conversa e é despojada, mas na frente de desconhecidos, simplesmente trava.

Todas as pessoas durante a vida vão apresentar episódios de timidez. Se você é tímido para tomar a iniciativa e precisa reunir coragem para incentivar um *boy*, você pode estar se escondendo por trás de um muro que diz: "eu sou mulher, portanto é o homem que deve tomar a iniciativa".

Sinto dizer que esse tipo de pensamento ficou para trás. Vivemos na era da informação e as oportunidades vem e vão em um piscar de olhos. Então, garota, está na hora de você tomar as rédeas da sua vida e não ficar esperando tudo cair do céu. Uma mulher que espera as coisas acontecerem precisa aceitar o que vier.

Existem três tipos de timidez: a situacional, a crônica e a proposital.

A situacional depende da situação, uma pessoa descolada pode travar em uma apresentação de trabalho na universidade por não dominar bem o assunto, esse tipo de timidez vai ocorrer com todo mundo em algum momento da vida.

A timidez crônica se arrasta por toda a vida. Uma mulher cronicamente tímida é insegura, apesar de ser extremamente capaz. Essa timidez pode estar relacionada com sua criação, os pais nunca a deixavam fazer nada, criando a sensação de que não é boa o suficiente e que depende sempre de alguém.

A timidez proposital é onde a tímida não tem vergonha de si, mas tem vergonha da sociedade e por isso se propõe a se afastar da vida social, tornando-se antissocial de forma intencional.

Cultivar a coragem, aceitar-se como é, conhecer seus defeitos, aprender a lidar com o não e saber dizer não, entender que rir de si mesmo é um grande remédio para uma vida leve são atitudes necessárias para superar a timidez. Comece tomando iniciativas e saia de sua zona de conforto sempre que for necessário. Através do hábito, um dia a timidez vai diminuir a ponto de não prejudicar a sua vida.

TÉCNICA DA ENCENAÇÃO

Lidar com a timidez exige que você saia da sua zona de conforto. A tímida tem receio de não ser boa o suficiente diante de amigos, família e desconhecidos. Ela é insegura e, no geral, precisa da aprovação alheia e acaba se cobrando demais a ponto de não aceitar errar diante de alguém. Afinal, se ela cometer erros diante das pessoas, vão julgá-la incompetente. O tímido não suporta errar diante dos outros.

Para melhorar, a tímida precisa se aceitar, aceitar que o erro faz parte da vida e que é preciso aprender a rir de si mesmo e não levar tudo tão a sério. Isso não quer dizer que não deve encarar os desafios com seriedade, basta compreender que erros ocorrem e que a cobrança é mais dela do que dos outros. Caso aconteça algo em público, ria, peça desculpas e preencha a mente. Todos erramos.

A técnica da encenação busca melhorar a oratória e ajudar a você entender como os outros a veem. Isso ajuda no autoconhecimento quando você entende a sua imagem.

A técnica consiste em você pegar seu livro favorito ou algum diálogo, não importa a história, desde que você esteja à vontade com o assunto. Assuma um papel e diante do espelho a sua imagem vai se tornar um outro personagem, você vai dialogar consigo mesma e nesse processo tente interpretar usando as feições faciais adequadas, simule expressões de dor, alegria, raiva, saudade e de paixão. Leia diálogos em voz alta, essa atividade fará com que você exercite sua oratória, dicção e vai aumentar seu vocabulário. No momento que você se autoconhece e aprende novas formas de falar, sua confiança aumenta.

HOMEM E CASAMENTO

Quais as vantagens do homem ao casar? Em termos de evolução e instintos primitivos, nenhuma.

O casamento foi uma construção social criada em nossa cultura para nos tornamos mais sociáveis. Era uma questão de sobrevivência juntar os casais politicamente e religiosamente, objetivando manter as heranças intactas dos reis e a segurança da família na perpetuação do poder. Biologicamente falando, o casamento não traz nenhuma vantagem ao homem, alguns podem dizer que é um meio de garantir um lugar seguro, comida e roupas limpas, principalmente os que procuram em suas esposas uma mãe ou empregada.

As mulheres se identificam ou se identificavam com o casamento por questões sociais e de sobrevivência, questão de segurança. As mulheres que inventaram o amor (em uma forma poética) e casar passa a ideia de que ela é especial, a escolhida dentre outras. Isso está cada vez mais claro na atualidade em que a instituição do casamento se encontra em crise e pessoas que passam por todo o rito de namorar, noivar e casar estão em menor número. Isso se agrava quando existe o lado religioso em jogo e casar na igreja passou a ser um sonho de consumo. O casamento é considerado uma instituição antiquada e superada. Todo homem, seja solteiro ou casado, imagina um festival de sexo com diferentes mulheres – não nos culpe, isso é biológico. Esse é o fato que incita o homem a temer relacionamentos, ele aguarda a mulher especial aparecer e mesmo que ela surja, ele pode pensar nas oportunidades que está perdendo ao se relacionar de forma séria com alguém. Por isso que algumas mulheres afirmam ser mais felizes se relacionando com homens feios: eles dão menos trabalho e são desprovidos de menos oportunidades para trair - teoricamente.

Em algum ponto da vida sexual masculina, ele vai se cansar e se recolher para um ambiente estável, encontrar uma mulher confiável que tenha o potencial de ser uma boa esposa e mãe, essa mulher passará a ser a prioridade, é nessa fase da vida que o homem fica mais aberto à ideia do casamento. Claro que homens também se apaixonam e também amam; e esse pode ser o único motivo que os fazem buscar o casamento, encontrar alguém tão legal que valha a pena largar a vida de solteiro. Portanto, se você acredita no casamento e está em busca de um relacionamento sólido, seja uma mulher interessante para atrair pessoas interessantes que estejam dispostas a ficar só com você.

COMO CONQUISTAR UM HOMEM CASADO

Se você chegou ansiosa nesse capítulo, preciso dizer que você é mal resolvida e precisa fazer uma reflexão dos seus motivos para tentar conquistar um homem que já está em outro relacionamento. Ficou com a sensação que foi enganada, né? Essa sensação não chega aos pés da sensação da esposa traída quando descobrir que você chegou aqui com a intenção de encontrar uma macumbaria (macumba somada à feitiçaria) para conquistar o marido dela.

Se você é a amante e caiu no papo clássico de que ele ia deixar a mulher e possíveis filhos para ficar com você, e ainda não o fez, preciso dizer que apenas 1% dos homens casados largam suas mulheres pelas amantes e você precisa ser muito foda para estar nesse 1%. Se ele ainda não o fez, então você faz parte dos 99% - felizmente, porque se você é tão boa para estar nos 1% e quer um cara casado, então você não é tão boa assim.

Diante disso, peço que faça uma autoanálise sincera, se você é o tipo de mulher que nunca recebeu atenção de ninguém, então um homem usando aliança enfim lhe pareceu ser seu príncipe encantado que fez juras de amor e promessas de uma vida feliz. Você foi enganada.

As frases que eles mais usam para justificar o porquê de ainda não largarem as esposas são: "é por causa dos filhos", "pendências financeiras", "ela está doente", "vou acabar aos poucos", "o casamento está em crise", dentre outras.

Esses termos são usados só para te iludir. Por que ele largaria a esposa se pode ficar com as duas? Você reclama, mas ainda o aceita e a esposa, quando não sabe, desconfia. É uma situação cômoda para qualquer homem.

Recomendo você ler os demais capítulos para chegar à conclusão sozinha de que não precisa de um homem que mente. Afinal, quando ele largar a esposa a vaga de amante estará novamente aberta e não será você a escolhida.

COMO RECONHECER UM EMBUSTINO

O estudo do ser humano não é uma ciência exata, não temos como prever quais as reais intenções de uma pessoa até que ela as revele. O que podemos fazer é analisar um conjunto de atitudes que se repetem e assim traçar um padrão de comportamento para reconhecer se seu *crush* é um *Embustino* ou não.

SUMIÇOS

Um cafajeste nunca terá tempo para você. Ele possui outras prioridades e nessa lista você não está no topo. As desculpas são diversas: que tem trabalhado demais, que possui obrigações com os filhos, que a vida está "complicada" e que não é o momento certo para ele. Além disso, mesmo nos momentos juntos, a qualidade desse tempo não é lá essas coisas. Apesar dele te tratar bem, os momentos bons que vocês possuem se resumem ao sexo e somente a isso.

Ele é solteiro, você é solteira e ele precisará dividir o tempo com as outras mulheres e atividades de que gosta. Viagens, baladas com amigos, uso constante do celular e pouca concentração mesmo na sua presença são sinais de que ele só está te enrolando.

BIPOLAR

Sabe aquele cara com alterações de humor e que acaba se escondendo por trás da desculpa de que é bipolar? Ele não é, ele só está indeciso entre ficar com você ou com todas as outras. Um relacionamento saudável deve ser uma constante. Obviamente toda relação possui altos e baixos, mas isso acontece durante um relacionamento, não antes disso. Começar um rolo com seu *crush* como uma montanha-russa de emoções só pode acabar na casa mal-assombrada.

CONSIDERAÇÃO

Um *Embustino* nunca faz questão de estar com você. Para ele, você é mais uma que está disponível que só vai procurar se não tiver nada melhor para fazer. Caso ele marque e logo antes do horário combinado surja um "imprevisto", saiba que esse imprevisto tem nome e endereço. Por não ter nenhuma consideração por você, naturalmente ele não se importará com o que você faz com sua vida. Não se lembrará de datas importantes, nunca vai estar ao seu lado quando você precisar e sempre vai priorizar as próprias atividades, afinal, você é um sexo garantido, ele precisa caçar outras mulheres mais interessantes que você.

EGOÍSMO

Embustinos são egoístas porque carregam em seus umbigos um buraco negro emocional, sugando tudo que veem pela frente. Ele sempre será a prioridade, se comportando como uma criança mimada que quer de todas as formas brincar com os melhores brinquedos. Nunca espere de um *Embustino* agradecimentos sinceros. Na cabeça dele, você não faz mais que a obrigação ao satisfazer as vontades dele. Ele sempre virá em primeiro lugar.

ALINHAMENTO

Os *Embustinos* possuem a capacidade de serem ótimos contadores de histórias. Personagens são criados na sua trama e ele é o personagem principal e a vítima – *Embustinos* sempre são vítimas.

Não é incomum que em meio a tantas mentiras e histórias o *Embustino* se perca no próprio personagem. Por não ter tempo, na verdade ele tem tempo só não tem interesse em passá-lo com você, vai haver um grande descompasso entre o que fala e o que faz. Ele diz que quer se encontrar com você, mas nunca marca. Diz que vai ligar, mas nunca liga. Diz que sente sua falta, mas nunca vai a seu encontro. Então, ele não tem nenhum interesse real em você, ele só tem interesse no seu interesse em estar disponível – mas você já sabia disso, né?

PARTE III

Louca

LOUCA

EXISTE BELEZA NO CAOS.

Existe beleza no caos. É do caos que surgem os melhores sonhos e sonhadoras; e não há um caos como uma loucura desenfreada a ponto de rasgar dinheiro – só doido rasga dinheiro.

Todas que não dançam conforme o ritmo da sociedade são chamadas de loucas e é preciso uma dose de loucura para enfrentar uma sociedade em que você sente não se encaixar; e se você não é louca, tenho certeza de que finge ser, só para aturar as atitudes dos homens que não fazem nenhum sentido para você.

Vivemos numa sociedade machista com paradigmas e lendas incrustados em nossa cultura e história.

Sabia que no México existia um dia em que as mulheres eram obrigadas a se ajoelhar diante dos maridos para pedir perdão pelos erros cometidos durante o ano?

Qualquer mulher que tenha a convicção de quebrar esse paradigma será considerada louca.

E se é preciso loucura para viver seus sonhos e vontades, desejo que você seja chamada de louca sempre. Afinal, é melhor fingir a egípcia do que ter uma vida frustrada com sonhos e vontades não realizados.

A crítica sempre vai existir, mas chegar ao fim da vida com frustações de desejos não realizados será uma dor maior. Portanto, se você for chamada de louca, tenha certeza de que está no caminho correto.

FÉ NAS LOUCAS

"CADA PESSOA DEVE TRABALHAR PARA O PRÓPRIO APERFEIÇOAMENTO E, AO MESMO TEMPO, PARTICIPAR DA RESPONSABILIDADE COLETIVA POR TODA A HUMANIDADE."

Marie Curie

Em 7 de novembro, em Varsóvia, nascia Marie Curie, a primeira mulher a ser admitida como professora na Universidade de Paris. Também foi a primeira mulher a receber um Prêmio Nobel, o de Química como também o de Física, em uma época em que a ciência era dominada por homens. Os estudos de Marie Curie eram todos no campo da radiação emitidas por sais de urânio. Ela expunha seu próprio corpo em suas experiências radioativas.

Como qualquer mulher à frente de seu tempo, Marie Curie foi chamada de louca. Ela não chegou a ser queimada em fogueiras como faziam com as mulheres que ousavam ir contra o status *quo* na Idade Média, também não ficou presa condenada por heresia pelo simples fato de ser brilhante. Entretanto, ela acabou morrendo de leucemia, um sacrifício feito em nome da ciência na busca de melhores tratamentos para os seres humanos - homens e mulheres, ela não fazia distinção.

Ser uma mulher louca não está relacionada em como lidar com os *Embustinos*, mas com um estilo de vida. Ser uma mulher poderosa, linda e louca pode te levar a encarar seus dias de uma posição de mulher empoderada. Não só sua vida amorosa vai melhorar, mas a forma como você enxerga a vida espiritual, financeira e pessoal.

Uma das premissas da construção é a desconstrução, quebrar todas as crenças que você possui, abrir a mente para o novo e tentar encontrar aquele caminho que para você faz mais sentido e que vai na contramão do pensamento da sociedade comum - afinal, o que a sociedade entende mesmo?

Mas, antes disso você precisa aprender a se remontar deixando boa parte da carga emocional que carrega para trás.

Sente na beira da estrada da vida por um tempo, abra sua mochila, retire e quebre as coisas que você não precisa mais, principalmente as coisas que você acredita precisar, é necessário desapegar e voltar a se construir. Isso envolve fazer uma análise de novos conceitos e teorias.

Abrir a mente para novas ideias fará seu pensamento expandir, é assim que é alcançada a maturidade emocional, analisando novas crenças e retirando pedaço das antigas, se reinventando.

Cada pessoa tem seu caminho, você precisa encontrar o seu com a certeza de que continuará caminhando corretamente, focada e determinada. Afinal, seu caminho pode estar errado. Você nesse momento pode estar errada em como está conduzindo sua vida e ainda não se deu conta disso – na verdade, você já sente que não está feliz, mas aceita como a dor em um dedinho do pé com a qual já se acostumou.

Eu amo ler histórias e descobrir por que fazemos as coisas que fazemos hoje. Um dos motivos de estudar o passado é evitar que cometamos os mesmos erros. Na Idade Média, gênios foram condenados por uma sociedade que não conseguia abrir a mente para novos conceitos. Não só na Idade Média os gênios foram punidos, até hoje todos que tentam enxergar a realidade por outro ângulo sofrem algum tipo de repressão. A represália é maior se esse gênio for uma mulher.

Em tempos antigos a sociedade acreditava que o planeta terra era o centro do universo. Copérnico afirmou que essa teoria estava errada e provou isso. Galileu Galilei, outro cientista, reiterou essa tese publicando o livro "Diálogo sobre os Dois Grandes Sistemas do Mundo". O resultado foi que em vez de ser reconhecido, Galileu foi condenado por heresia. Ele conseguiu escapar da fogueira renegando perante à Igreja toda a sua teoria, entretanto, recebeu a pena de prisão perpétua domiciliar.

Marie Curie, Galileu e Copérnico foram taxados de loucos por pensar diferente, mas no fim eles estavam certos.

Não cometa o erro de seguir o que as pessoas acham que é certo sem argumentar, gênios nasceram da loucura. Seja uma louca também.

Reflita, mesmo sabendo que nossas vidas acabam, levaremos somente momentos de frustação e desespero. O que aconteceria se fôssemos imortais? A vida é tão curta e somos uma sociedade tão doente que alguns tomam a decisão de encerrá-la antes do tempo. Quem faz isso? São os sóbrios demais que enxergam menos que os olhos comuns ou os loucos que visualizam além do que podemos perceber?

A vida não deveria ser boa? Não deveria ser vivida intensamente? O que tem acontecido conosco e com nossa forma de viver?

Veja o que estamos fazendo! Desperdiçamos tudo por causa de caprichos. Um desejo de ser notado e valorizado por uma simples pessoa que resolveu que era a hora de ir embora?

Não! Eu me recuso a aceitar que minha vida vale tão pouco assim. Eu me recuso a aceitar essa ideia com sobriedade. Recuso-me a entrar em um consultório e sair de lá com um papel descrevendo que possuo uma psicopatia, uma doença do pensamento. Prefiro que você seja chamada de louca por viver intensamente sua vida; e desejo que você prefira isso também.

AXIOMAS SOCIAIS

Como nascem os axiomas da sociedade? Axioma é aquilo que você aceita como verdadeiro sem precisar de provas. Por exemplo, posso dizer que amanhã o sol vai raiar, eu não preciso provar isso, já que faz parte do nosso entendimento comum que a terra gira ao redor do sol e caso tudo ocorra bem com o planeta, amanhã o sol surgirá no meu horizonte.

Um axioma da sociedade é aceitar como verdadeiro certos tipos de comportamentos que nossa sociedade pratica sem sabermos de onde eles vieram. Um exemplo de axioma da sociedade é o costume de fazer festa de quinze anos para meninas, muitas famílias fazem essa comemoração quando suas filhas chegam aos quinze anos, são as debutantes. Mas quantos pais sabem o porquê precisam fazer essa festa? A sociedade não procura saber de onde veio esse costume, apenas aceitam, sem questionar a obrigação de fazer, alguns até sonham com isso e nem ao menos sabem os reais motivos desse hábito social.

Imagine o seguinte experimento: foram colocados cinco macacos em uma jaula, essa jaula era composta de um térreo e de uma escada que levava ao primeiro andar, sempre que um macaco subia ao primeiro andar, todo o grupo levava uma um forte jato d'água, quando eles perceberam isso, nenhum macaco subia mais na escada. Em um certo momento, retiraram um macaco e colocaram um macaco novato que não sabia sobre a relação entre a escada e o jato d'água e sempre que esse macaco novato tentava subir na escada os outros macacos do grupo o impediam, dando uma surra nele, depois de tanta surra o novato entendeu que não podia subir na escada, mas ele não sabia o porquê. Aos poucos foram substituindo os macacos velhos que sabiam do jato d'água por macacos novatos que não sabiam.

O comportamento continuava, sempre que um novato tentava subir a escada, levava uma surra. No fim da experiência ficou a seguinte situação: todos os macacos na jaula eram novatos, ninguém subia na escada e nenhum deles tinham a menor ideia do porquê não podiam subir para o primeiro andar, mesmo que nenhum deles tenham levado um jato d'água sequer.

É assim que surgem as crenças e os axiomas sociais. Uma noção que foi criada no passado, replicada pelas gerações seguintes, mesmo sem conhecer o motivo. E se você buscar saber o porquê de fazer dessa forma a resposta será: "aprendemos assim".

Que tal você começar a quebrar esses axiomas de comportamento? Aviso que vão te chamar de louca. Tudo bem, certo?

A DOR NECESSÁRIA

A dor é útil para valorizarmos a ausência da dor. É com a dor que aprendemos e criamos defesas. Já tentou ensinar uma criança a não tocar no fogo e explicar que queima? Já tentou explicar para alguém a sensação de dor de uma queimadura?

Uma criança não conhece essa a dor e ao ver uma chama com suas cores laranjas dançantes sente que é, no mínimo, um convite para enfiar os dedos inocentes nas labaredas. Inevitavelmente, um dia em sua vida ela vai se queimar e a sensação fará com que aprenda que aquela chama deve ser evitada no futuro.

A mesma coisa acontece com os sentimentos. Posso escrever praticamente um livro inteiro falando sobre a teoria do amor, mas não passaria de teoria. Amor é pratica, amor é experiência e somente quem amou, levou um pé na bunda, amargou o fim e superou sabe o que é ir do céu ao inferno e voltar à terra. Certamente ela não será a mesma, mas com certeza será bem melhor do que antes.

Isso nos leva a fazer uma reflexão sobre nossa sociedade. Vivemos dias de medo, todos somos frouxos sentimentalmente e não queremos nos envolver com alguém. Simplesmente somos um grupo de medrosos reclamando de que não existe mais o amor romântico, xingando baixinho sobre sentimentos frustrados, mas que ninguém se encontra para completá-los.

O resultado disso? Somos uma sociedade sem defesa emocional. A velocidade com que as informações chegam em nós é alarmante e psicologicamente nada saudável. Mas com a mesma velocidade que chegam, elas se vão. E nesse microssegundo não nos damos conta de criar laços e cultivar raízes em outras pessoas. E os que se arriscam, passam a ser suscetíveis a ter seus frutos furtados, mesmo que sua intenção seja criar raízes profundas. O problema de sentir dor é criar defesas em excesso. Eu já disse que tudo em excesso faz mal? Pois bem, não existe uma forma de falar de amor sem falar de riscos. Amar é arriscar sempre!

SEXO E O HOMEM

As mulheres querem amor, os homens, sexo. O homem precisa se esforçar para entender como agradar uma mulher. A formação sexual masculina vem dos filmes pornôs em que os atores simplesmente tiram a roupa e começam a meter igual uma britadeira, exibindo aquelas *manjubazords*.

Como o maior público desses filmes é o masculino, as atrizes atuam usando artifícios para agradar os homens. Simulam gritos, expressões de gozo e fingem que pênis gigantescos são os mais prazerosos. É essa a visão que o homem passa a ter do sexo desde a adolescência. Acreditam que as preliminares não existem e que basta ter um pênis grande para satisfazer a mulher.

Por outro lado, a mulher gosta de carinho, proteção, beijo, sedução, olhar, toques, provocação, confiança, abraços e que ignorem as estrias, celulites, as gordurinhas extras.

Essas coisas não são mostradas nesses filmes que são a escola sexual masculina. Para agradar um homem basta chegar sem roupa, gemer, fingir que está gostando e não esqueça de enaltecer o tamanho do pênis, mesmo que seja uma minhoca desnutrida.

A ideia de sexo é tão diferente para os dois gêneros que é preciso muita conversa para um entender o mundo do outro.

O homem faz sexo para esvaziar, a mulher faz sexo para se completar. O homem alivia suas tensões gozando e é nesse ato que ele procura expressar o que não consegue em palavras. A mulher precisa de carinho, atenção e proteção para o prazer aumentar ainda mais. O homem é um fogão elétrico - ligou acendeu; a mulher é um fogão a lenha - tem que colocar fogo, abanar, assoprar até acender.

Após o orgasmo as diferenças continuam, o homem quer virar para o lado e dormir, após um banho ou fazer qualquer atividade que mantenha a mulher longe, já a mulher sente que quer conquistar o mundo, quer tocar, fazer carinho e conversar.

A falta de conhecimento de como homens e mulheres pensam é a origem dos conflitos quando o assunto é rala e rola.

Quais são as atitudes que estimulam uma mulher sexualmente?

1- ROMANCE

2- COMPROMISSO

3- COMUNICAÇÃO

4- INTIMIDADE

5- TOQUES (SEM SEXUALIDADE)

E o que estimula o homem?

1- PORNOGRAFIA

2- NUDEZ FEMININA

3- VARIEDADE SEXUAL

4- ROUPAS ÍNTIMAS

5- DISPONIBILIDADE DA MULHER

Você já sabia que o homem se estimula com sexo, mas note o item 5 da lista - disponibilidade da mulher.

É a extrema disponibilidade que atiça o *Embustino* a te fazer de marmita. É nesse quesito que vamos trabalhar a técnica do gelo mais a frente nesse livro.

O homem deve sair da sua zona de conforto, você precisa ficar indisponível para atiçar os gatilhos corretamente e desse jeito o estimulá-lo a te perseguir, é necessário estimular a mente masculina. Homens sabem separar facilmente amor e sexo, se um dia um homem te trair e afirmar que foi só físico, certamente ele estará falando a verdade – não estou concordando com a traição.

O objetivo inicial do homem está na reprodução. Pensamos com a cabeça de baixo, isso é verdade. Mas a parte mais sexy da mulher sempre será o cérebro e por vezes elas se esquecem disso. Uma vagina atrairá um homem e o cérebro o fará ficar.

FRIENDZONE

May acredita em amizade entre homens e mulheres, porque ela mesma tem um amigo homem e hétero. São confidentes um do outro e a relação sempre foi baseada na intimidade e confiança.

A vida amorosa de May não vai muito bem, não está sofrendo, apenas não está na *vibe* para novos contatinhos, já o seu amigo, toda semana se apaixona por uma garota diferente, novas histórias com o mesmo final; latas de cervejas vazias e lamentos que varam a madrugada: ah, como a vida é injusta com os homens bonzinhos!

Ela não sabe ao certo se a amizade deles começou como um interesse legítimo ou se houve algum tipo de flerte que não deu certo, e também não sabe se essa intimidade existe só por ser uma boa ouvinte e ele precisar de alguém para desabafar suas tristes histórias amorosas.

A verdade é que May se tornou a amiga psicóloga e em troca sabe que pode contar com ele a qualquer momento, está sempre disponível. Certa noite ela precisou demais de sua ajuda, era um caso de vida ou morte.

Na madrugada chuvosa de uma sexta-feira, enquanto May curtia a *vibe* de ficar sozinha em casa com seu gato, sentiu que algo subia pela parede. Era uma coisa pequena, meio vermelha, com antenas, e da pior espécie: ela tinha asas!

May tem pavor de baratas voadoras, é tanto o medo que seria impossível ter paz na vida enquanto aquela condenada estivesse explorando a parede do seu quarto: eu já avisei que ela tinha asas?!

Não pensou duas vezes. Não importava o quão ridículo fosse o pedido, o amigo deveria estar ali para ajudá-la. Afinal, foi ela quem aturou todos aqueles choros de tristeza durante os seis meses de vida amorosa fracassada. Ele lhe devia isso.

O telefone foi atendido no primeiro toque e fazia muito barulho no outro lado da linha, May ouviu quando ele fechou a porta atrás de si, era para escutar melhor o que ela tinha para dizer de tão importante a ponto de ligar àquela hora da noite.

Passados quinze minutos que a ligação havia terminado, ela ouviu a campainha do seu apartamento tocar era seu amigo de cabelos molhados pela chuva, não fazia questão de esconder a cara de sono, mas ele estava ali, e era por ela ou pela barata.

Ele nem fez questão de cumprimentá-la, amigos íntimos possuem esse hábito, não importa quanto tempo passe, sempre tratarão um ao outro como se tivessem se visto há uma hora.

Foi nesse momento que May sentiu um estalo e não era a roupa que ele usava ou o cheiro de cigarro misturado com uísque, sugerindo que ele estivesse em um bar antes de pedir um *uber*, pegar chuva e chegar à sua porta apertando a campainha que a fez olhá-lo de outra forma.

Ela não sabe, mas tinha algo estranho nele, mas não era um estranho de uma forma esquisita de ser, ela notou algo nele que estava ali o tempo todo, e só percebera agora.

Nenhum dos *crushs* de May havia largado um compromisso para ajudá-la, nenhum deles fora tão prestativo e se foram vinham com reclamações, o que a fazia sempre se sentir culpada em pedir auxílio.

Mas nessa noite não, o seu amigo estava lá. Sem reclamações, sem lamentos, com os cabelos molhados, segurando uma vassoura na mão e pronto para protegê-la de seu maior medo que subia pela parede. Quem poderia dizer que uma barata voadora influenciaria tanto a vida de May, não é mesmo?!

Ela se apaixonou pelo seu melhor amigo!

SAINDO DA FRIENDZONE

Vocês são amigos. E acredito que uma boa relação saudável deve começar com uma amizade. Mas em algum momento você passou a ver seu amigo com outros olhos. Depois de tanto pensar ou não, você resolveu que a sua amizade deveria evoluir para algo mais íntimo.

A desculpa de sempre é: para não estragar a amizade vamos transar sem compromisso; é só sexo.

Então a amizade que iniciou com o compartilhamento de confissões e conversas até começar a novela das nove passou a se estender para o corujão da Netflix das duas da madrugada, sempre finalizado com os dois tomando banho juntos, para tirar o suor acumulado entre um episódio e outro.

A amizade saiu do cinza e passou a ter todas as cores, ao menos esse era o acordo que você pretendia e tudo estava dando certo, exceto por um detalhe: ninguém comanda as coisas do coração; você já não quer que ele saia com outras garotas e você também não tem interesse em outros garotos. Sua vontade é de que ele também sinta o mesmo por você.

Ele precisa te notar. Você precisa deixar claro o que sente. Afinal, vocês são amigos, certo? Antes de tudo vocês eram confidentes.

Você irá parar de bancar a psicóloga dele. Não é mais necessário você fingir que todos os dias são felizes, sorridentes e que você é a *coach* de relacionamento suprema do seu amigo colorido que você não quer que seja mais colorido.

A amizade já foi superada, surgiram borboletas malévolas por trás do seu umbigo. Você precisa decidir: ou mata as ditas afogadas em tequila ou as deixa sair batendo asas até os ouvidos do seu amigo.

Pare de dar opinião sobre os casos dele. Afaste-se um pouco para que ele note sua mudança. Torne-se menos disponível, e, quando ele notar sua ausência, chame o sujeito para uma conversa séria.

Uma boa conversa entre bons e velhos amigos, mesmo que sejam coloridos, sempre será o melhor caminho para solucionar a situação.

E caso dê errado, leia sobre a técnica do gelo nesse livro.

ELE COBRA SATISFAÇÃO

Um homem confuso pode te deixar confusa. Ele não te assume, mas também não te larga o que acontece muitas vezes é que homens preferem ficar em suas zonas de conforto do que tomar decisões que podem mudar a situação de um jeito desfavorável. Você o trata como namorado, ele te trata bem, te apresenta para amigos e família, mas quando se trata em pegar na sua mão, assumindo um relacionamento sério a resposta sempre é: ainda não é a hora.

E quando chegará essa bendita hora então?

Bem, se a situação continuar a mesma, a resposta é nunca.

Por que ele assumiria um relacionamento sério contigo se ele possui todos os benefícios de uma namorada, mas sem obrigação alguma?

Vocês transam quando ele quer, você está disponível para ele sempre, não fica com outras pessoas, você procura agradá-lo e no momento que você se afasta, ele te cobra satisfações.

Por outro lado, quando você cobra uma maior presença, ele se omite afirmando que vocês não possuem nada sério. Você namora sozinha.

Esse é um momento de confusão para ele. O sentimento existe e a indecisão também. Ele gosta de você e nem mesmo ele sabe o quanto gosta.

Para ele descobrir isso é preciso que você o force a tomar uma decisão. Leia o capítulo sobre a técnica do gelo para concluir essa ideia.

ELE SÓ FURA

Sempre que o homem some está aparecendo para outra mulher. Claro que existem exceções, alguns realmente estão ocupados com outros compromissos, mas se não for o caso, abra o olho. Se ele não te dá satisfações é porque você não é a prioridade na vida dele, além de não possuir o mínimo de respeito e compromisso contigo.

Um cara que possui muitos contatos, que é assediado o suficiente para preencher a agenda com eventos demais, geralmente terá mais de uma opção todos os dias. Um cara que marca contigo e sempre fura é porque encontrou um compromisso melhor do que sair com você. Isso é mais claro quando ocorre entre a quinta-feira e o domingo – dias de balada.

Um cara que some assim, geralmente surge no domingo à tarde, dia de ressaca ou na segunda-feira, dia do *Embustino*. Esse mágico *embustino* em questão, sempre surge com mensagens do tipo "oi, sumida", "saudades de você", ou um pedido de desculpas acompanhado de uma triste história de como precisou ajudar alguém ou que o celular quebrou – meu WhatsApp ficou maluco, apagou todos os meus contatos.

Começos de relação deveriam ser uma das partes mais gostosas da história, mas se tudo já começa a falhar no início, imagina como vai ser a evolução desse relacionamento.

Se ele é do tipo de cara que só te chama para sair na última hora, faz ligações na madrugada, te liga bêbado, só te convida para lugares onde ele já esteja, provavelmente o seu número é aquele contatinho da agenda usado quando todos os outros não dão certo.

Ele marcou de sair com amigos, chegou em uma balada sozinho para analisar o local e vê se poderia conseguir algum contato novo. Não conseguiu pegar nada, bateu a carência e a vontade de transar. Ele sacou o celular do bolso e começou a rolar os contatos ativos. É uma hora da manhã. Adivinha para quem ele vai ligar? Para a primeira que responder: "pode vir aqui pra casa, estou sozinha".

Essa é você?

ELE VÊ TODOS OS MEUS STORIES

Existem dois termos utilizados em relacionamentos que surgiram com as redes sociais: o *ghosting* e o *orbiting*.

O *Ghosting* é um termo derivado da palavra inglesa "ghost", que significa fantasma. Ela é aplicada quando você conhece uma pessoa, física ou virtualmente e vocês se dão superbem. Algumas pessoas idealizam tanto a pessoa através da conversa que chegam a ponto de dizer que estão apaixonadas. Isso pode ocorrer sem nem mesmo conhecer pessoalmente tal ser vivo.

Um belo dia o dito cujo, alma gêmea, nascidos um para outro, resolve desaparecer. Ele para de dar notícias, não responde mais as mensagens e bloqueia o contato, desaparecendo da Internet.

Lógico que esse sumiço possui uma explicação e não importa o motivo, ele praticou o *Ghosting* – um sumiço sem motivo aparente. Entenda que a culpa não é sua, tá? Desconfie de caras que dizem não ter redes sociais e de que não gostam de postar fotos.

Obviamente que existem exceções, há pessoas que são avessas a redes sociais, e tudo bem com isso. Mas sempre apure a verdade dos fatos e os reais motivos para esse comportamento. Se você procurar direitinho, pode acabar descobrindo não só o Instagram dele, mas também da esposa, filhos, do papagaio e do cachorro.

O termo *Orbiting* significa "orbitando" em inglês. Isso quer dizer que ele se comporta como a lua ao redor do planeta Terra. Circulando, analisando, sem nada fazer.

Esse termo é utilizado quando seu *Embustino* acaba o relacionamento, mas continua seguindo suas redes sociais, curtindo fotos, fazendo comentários curtos – geralmente com emoticon – que não significam nada.

Continuar vendo os stories e acompanhando a sua vida virtual não significa que ele está interessado em você ou que quer voltar, ele simplesmente está curioso sobre sua vida. Por vezes, ele pode ser o primeiro a ver seus stories e isso só prova que ele está bem ocioso.

Portanto, acompanhar seus stories não significa nada. Desaparecer sem causa aparente é porque não está interessado. Nos dois casos, apenas siga sua vida plena e linda e deixe ele desbloqueado para ele acompanhar o mulherão que ele perdeu.

ELE ME TRATA BEM

Homens não misturam sexo e sentimentos. Somos feitos biologicamente para isso. Ele te apresenta para a família, para amigos e te trata bem, isso quer dizer que ele tem amor por você? Não!

Homens tratam bem suas parceiras sexuais simplesmente porque é obrigação fazer isso. Eles podem ser educados, e que mal teria isso? Você se apaixonaria por alguém que te trata mal? Ninguém te tratará tão bem quanto um homem querendo transar com você e te tratará melhor caso ele tenha interesse em segurar essa transa pelo maior tempo possível.

Alguns homens podem apresentar suas ficantes para a família e amigos, procurando aprovação deles. Se eles forem importantes, a opinião terá grande peso na decisão de um possível relacionamento sério. Mas nem sempre que ele te trouxer para a intimidade das relações fraternas vai significar que ele possui real interesse em você. Não importa se a mãe dele te chame de nora, a decisão de você se tornar a namorada e entrar para a família só depende dele.

ELE CURTE FOTOS DE OUTRAS MENINAS

Tenho a impressão que nossa sociedade está viciada em controle. Esse hábito de tentar controlar todas as informações que nos circundam, como uma ilha rodeada de oceanos de dados. Você não possui o controle sobre o que ele faz ou o que pensa e isso te frustra.

Se você tem dado atenção demais ao fato de que ele está curtindo a foto de uma menina ou acionando um coração nas redes sociais, que seja. Não acha que está insegura demais com o que ele pensa? E se a intenção dele é de fato chamar a atenção de uma garota ou se apenas fez isso por que gostou da foto? Qual sua real intenção em descobrir o motivo? Por que você quer ter o controle dessa informação?

Você notou que é preocupação demais e culpa demais por conta de um ato bobo que nem está nas suas mãos? Você tem medo que ele ache outra garota mais gostosa que você? Bem, ele já fez isso milhares de vezes na cabeça dele. Você tem medo de que ele te troque por outra ou que a garota que ele curtiu puxe papo com ele? Bom, a traição já ocorreu na cabeça dele e ele está criando a oportunidade para isso, é disso que você tem medo?

Sinceramente? Se ele faz isso com a intenção de te trair, então ele já não te acha tão interessante e pior, não tem respeito por você. Se ele faz isso porque apenas achou a foto legal ou se é uma amiga sincera, então a insegurança é sua e você deve tratá-la.

Em qualquer caso, cultivar o amor-próprio é a melhor solução. Você não deve ficar submissa à vontade dele. Sua felicidade não deve depender do ato de ele curtir fotos de outras garotas se na cabeça dele ele já decidiu que existe mulheres mais interessantes que você.

Seu contragolpe? Ser uma mulher interessante a cada dia.

E caso você queira chamar atenção dele, tire uma foto sensual de biquíni, poste no seu perfil nas redes sociais e coloque a legenda: "Meu namorado curte fotos de outras garotas de biquíni. Postei essa foto para saber se ele irá curtir essa também."

Problema resolvido.

APLICATIVOS DE RELACIONAMENTO

Já usei aplicativos de relacionamentos e nunca tive problemas com isso. Na época eu era novo na cidade, não tinha amigos e nem tempo para frequentar barzinhos ou baladas e usar o Tinder foi uma ótima solução para conhecer pessoas.

Conheço diversos casais que deram certo por um app de celular e na minha opinião usar esse recurso é uma boa forma de se abrir para novas oportunidades.

Existem pessoas que tiveram más experiências. Mas qual seria a chance de dar certo encontrando uma pessoa na fila do pão ou esbarrar em uma pessoa em uma balada com tanta gente entregue ao torpor de bebidas alcóolicas e música alta?

Usar aplicativos de relacionamento tem suas vantagens como: você os acompanha nas redes sociais, vê com quem ele anda, encontra amigos em comum, afinidades, lugares e um pouco da história não dita. São mais informações do que aquelas que podem ser trocadas no balcão de um bar qualquer com um desconhecido ocasional. Não são os aplicativos de relacionamento os responsáveis pelo fracasso de sua relação, o motivo são as pessoas.

Se você procura alguém para somar em sua vida, recomendo que você se abra para todas as oportunidades possíveis. Faça aulas de dança, vá a barzinhos, faça promessas a Santo Antônio, apele para amigos de suas amigas e instale aplicativos de relacionamento.

As oportunidades podem surgir de qualquer lugar, inclusive naquela fila do pão. Esteja preparada para quando isso acontecer. Ah! E por favor, quando for colocar as fotos no seu perfil do Tinder, coloque fotos sorrindo. Somos ocupados demais, urgentes demais e desesperados demais. Colocar um "descubra" na descrição é antecipar um trabalho que todos já temos, essa palavra por si só já dá uma canseira desgraçada. Se você teve preguiça de escrever um pouco sobre você e sem criatividade alguma para ser uma pessoa interessante, imagina para quem está lendo e que vai ter todo esse trabalho.

NÃO AMO MAIS NINGUÉM

O maior mal de nosso tempo é a necessidade de controle. Ansiamos por controlar todas as coisas a nossa volta. Queremos saber o que o outro pensa, o que está fazendo, com quem conversa e quem segue. Somos uma geração de replicadores de opinião, sem ao menos nos dar o trabalho de checar se essa opinião tem fundamento. Perder o controle é naufragar à deriva da ignorância no mundo atual. O efeito colateral disso é a ansiedade.

O afeto e carinho entram nesse conceito. Quando não podemos controlar o que o outro sente, passamos a ter a sensação de que isso pode nos fazer sofrer. "Eu não sei por que ele curtiu a foto daquela garota, logo ele quer me trair, devo me afastar o quanto antes". "Eu não sei por que hoje ele não me deu bom dia como fez nos últimos três meses, acho que deve ser falta de interesse, portanto vou desistir".

Se não posso ter afeto por ninguém já que não posso ser controlado, também não posso controlar o que o outro sente. Dessa forma, prefiro não sentir nada, para que eu não sofra no futuro. É antecipar uma dor que talvez nunca exista. Em épocas em que ninguém pode sentir nada, quem dá a cara à tapa é fraco ou louco – você é uma louca, certo?

Para diminuir o risco de me machucar, amo mais de uma pessoa, o que justificaria o poliamor. Na minha opinião, quem diz amar mais de uma, na verdade não ama ninguém, apenas tem medo de se machucar – falo do amor companheiro, o cultivado com os anos de companheirismo. É apenas uma desculpa para quem gosta de ter uma pessoa na reserva, caso as coisas não funcionem.

Ter afeto por alguém, nutrir sentimentos por outra pessoa é basicamente perder o controle sobre suas emoções – você não escolhe por quem se apaixona. Esse é o prenúncio do sofrimento. Nutrimos a ansiedade e colhemos o anseio de não querer sofrer. Escolher entre um possível sofrimento ou desistir por falta de controle? Os medrosos preferem se afastar. O amor nunca foi para covardes.

Se hoje estamos escaldados ao entrar em relações, é porque no passado tivemos nossa confiança quebrada; negamos nossos sentimentos por termos sidos traídos emocionalmente. Não me reduzo às traições físicas, mas, quando depositamos emoções em algo que não atendeu nossas expectativas, isso gera dor, remorso e falta de confiança. Acreditamos que todos possuem a intenção real de nos trair em uma primeira oportunidade e nesse ponto começamos a fraquejar com nós mesmos. Agimos de forma antinatural, não seguimos mais os hábitos que nos foram ensinados. Os valores se perdem, você se perde e ocorre a pior traição: você trai as suas próprias emoções. Construímos muros, recolhemos pontes, decoramos nossas máscaras e cavamos o buraco mais profundo para esconder que sentimos algo pelo outro. Somos uma sociedade de medrosos emocionais.

CIÚMES

Existe uma teoria que diz que o amor é uma construção social moderna. Na Idade Média, após a queda de Roma, as pessoas eram discretas quanto aos seus sentimentos. A mulher era vista como uma importante peça para firmar aliança política entre famílias reais. O amor era tido como escritos medievais como uma doença da alma e deveria ser evitada a todo custo, pois traria sofrimento.

A vida era pesada demais para ser real, os sonhos e ilusões eram mais atraentes. É nesse período que surgem palavras como "amante" ou "lover" do inglês. Esses termos não trazem um sentido ruim para a traição, pelo contrário, representam uma pessoa por quem você realmente possuía sentimentos amorosos.

As pessoas se encontram facilmente, o sexo não é mais tabu e o sentimentalismo saiu de moda - diria que é um clichê. O amor anda sufocado por tantas opções de escolha.

Jeovanna, 28 anos, tem um *Embustino* há dois. Tudo corria bem até que ele ficou desempregado. Sem dinheiro e com as coisas indo mal para *Embustino*, seu relacionamento começou a sofrer. A insegurança acerca dos sentimentos de Jeovanna começaram a aflorar. O *Embustino* passa a cobrar fotos de Jeovanna com o objetivo de monitorar sua vida, ela precisa justificar todos os seus passos para o *Embustino*, e, por causa dessa pressão, o emprego de Jeovanna também começa a ir mal. Ela suporta tudo calada por achar que se trata de uma demonstração de amor e não consegue entender que a mudança do *Embustino* se deve a insegurança e a ansiedade: ele não se acha bom o suficiente para ela. Apesar de tudo, ele a ama muito e tem medo de perdê-la e está psicologicamente doente.

Esse é um típico caso de ciúme romantizado. Jeovanna não nota o conflito pelo qual o *Embustino* vem passando. Ele acredita que ela pode deixá-lo em uma fase difícil de sua vida e como provedor, o *Embustino* acredita não ser bom o suficiente para Jeovanna. Por outro lado, ela acredita no amor do *Embustino* e que esse ciúme é uma prova desse amor. Apesar de se sentir sufocada, nada faz para evitar essa obsessão do seu namorado.

O ciúme que o *Embustino* sente é uma necessidade de controle, ele perdeu o comando quando perdeu seu emprego, sua autoridade para ditar regras se esfacelou e Jeovanna tornou-se superior. Para equiparar seu poder, a alternativa que o *Embustino* possui é de tentar diminuir Jeovanna e garantir que ela não o traia ou conheça outro homem melhor do que ele. Ela por sua vez, por amá-lo e confiar em sua opinião, passa a alimentar fantasmas que rebaixam sua autoestima. Os dois estão assassinando o sentimento que existia entre eles e estão ficando doentes juntos.

Tudo na vida tem um preço e o ciúme cobra um preço alto. Permitir que esse sentimento entre em cena e controle suas atitudes, pode custar caro para seu relacionamento. Agir pelo impulso e transformar o ciúme em rotina vai levar seu parceiro ao sufocamento e desgaste emocional.

Ninguém gosta de ser cobrado em demasia e sofrer exigências desnecessárias. O caso se agrava quando existe a cobrança da contrapartida das atitudes. A ciumenta oferece toda atenção e cuidado, tudo em excesso em busca de atenção e acredita estar fazendo algo de bom para seu parceiro. Do outro lado, ao oferecer esse tipo de comportamento, passa também a cobrar a reciprocidade com mesma intensidade do seu parceiro. Ela não nota o excesso e começa a incomodar o parceiro que não age de forma natural se forçando a elevar as atitudes em retribuição.

Ninguém gosta de ser forçado a sair de sua zona de conforto. Um relacionamento saudável é feito sem cobranças, mas com a consciência de que existe o sacrifício dos dois lados. A chave é a empatia.

E se ele não retribui?

O ciumento começa a alimentar neuras e desconfianças, criando a ideia de que existe algo errado. Na maioria dos casos, o primeiro pensamento é a traição.

E assim começa a guerra emocional que vai minar toda a relação. Os dois começam a se digladiar em busca de quem está certo. Começam a minar o caráter um do outro e a realçar os defeitos. A desconfiança passa a ser o foco das conversas até que a situação fique inviável. Os defeitos ficam tão em evidência que se sobressaem às qualidades que antes existiam.

A insegurança alimenta o ciúme e vice-versa, é um ciclo vicioso. Ela acredita que se ele tem tanto ciúme, é porque faz algo errado. Assim começam os conflitos de cabo de guerra, cada um puxa seu lado da corda, sustentando seu ponto de vista. Mas na verdade a pessoa ciumenta é um buraco negro de carência, sugando toda a atenção que puder obter e cobrando mais.

COMO SUPERAR O CIÚME

A raiz do ciúme é a insegurança e a falta de autoestima. Cultivar o amor-próprio é entender que o seu Eu Pensante precisa sempre guiar suas atitudes. Não ceder às explosões de sentimentos em forma de atos impulsivos, você precisa desenvolver a autoconsciência de que essa gama de emoções é maléfica e nada saudável para sua relação.

Faça uma autocrítica de por que você sente ciúmes. Não procure em seu parceiro os reais motivos. Comece por você: você se ama? Tem estima por si? Se garante na relação?

A mudança deve partir de você. É completamente normal desconfiar do seu parceiro quando algo está fora do lugar ou da rotina, mas não se pode falar em amor sem citar seus riscos. Toda relação, seja ela amorosa, de amizade, familiar está sujeita a frustações e decepções, mas isso você não controla. Você não pode controlar sua vida sofrendo antecipadamente por atitudes que outras pessoas devem tomar.

Se alguém falhar contigo, entenda que a culpa não é sua, mas falta de caráter de outra pessoa e isso você não pode controlar. Com os erros da vida você irá aprender a cultivar uma palavra que somente terá valor se a outra pessoa também souber acompanhá-la, essa palavra é uma via de mão-dupla e se somente uma delas funcionar a palavra não terá sentido algum e sua relação estará sem base. O nome da palavra é confiança.

COMO LIDAR COM UM CIUMENTO

Seja empática e entenda o real motivo do ciúme do parceiro. A maioria das pessoas ciumentas carrega traumas de experiências passadas, uma traição do passado, *bullying* no colégio, insegurança, até seus atributos físicos - ele se acha desprovido de beleza perto de você.

Valorize seu *boy* e passe segurança, mas nunca alimente os jogos emocionais dele, como enviar fotos do que está fazendo ou de sempre atender ligações para controlar sua vida. Seja firme e coerente. Tenha uma linguagem corporal condizente com a firmeza das suas palavras. Olhe nos olhos dele, fale palavras objetivas, fortes e mantenha o diálogo.

COMO O HOMEM ENCARA O CIÚMES

Quando uma mulher entra em uma crise de ciúme é sinal que ela perdeu o autocontrole. O corpo reage com um coração acelerado para lidar com o medo. O medo da perda e a raiva pela indiferença fazem a adrenalina subir, dando carta livre para a luta contra quem que vai abandoná-la.

Ela sente raiva por essa possível perda e o sentimento que a nutre, ela também sente raiva de si mesma. Os homens são mais objetivos e não conseguem lidar com a falta de razão e os excessos de uma mulher em meio a uma crise de ciúme. Muitos homens não sabem aceitar como esses sentimentos funcionam e passam a cultivar a indiferença, orgulho e raiva.

A raiva masculina é pela injustiça e por estar acompanhado de uma parceira insegura. Tanto homens quanto mulheres não se sentem atraídos pela insegurança de seus parceiros e não existe forma melhor de demostrar insegurança e falta de autocontrole do que um ataque emocional.

Nesse momento, os sentidos masculinos apontam para a fragilidade de sua parceira e a associam com o restante da relação e seu futuro: como posso ter uma família com uma pessoa que é injusta, que não se controla e é insegura?

Você recebe afirmações como "você é louca", "isso é um absurdo", "você é uma desequilibrada", dentre outros, até que seguem para o "para mim chega, é o fim de nossa relação, pois não aguento mais".

COMO FAZER CIÚMES

E por que você faria isso? Você quer despertar um sentimento negativo em uma pessoa com o intuito de atraí-la? Por que alguém se sentiria atraído por algo que é ruim? Homens são avessos ao ciúme?

Você acha que ficar com outro na frente dele é uma boa ideia? Preciso dizer que não é! E fazendo isso você estará errando duas vezes: a primeira é que você vai ficar com um cara pensando em outro, isso por si só é uma estupidez tremenda, você deve curtir pessoas que te queiram bem, não ficar com outras simplesmente pela a ideia de atingir outra pessoa.

Seu segundo erro é que você está enganando o outro, está sendo irresponsável com os sentimentos alheios. Tá bom, o cara que você está ficando não vale nada, mas isso não é da sua conta, você é responsável por aquilo que você cria e criar expectativas emocionais em outro, mesmo que mereça uma desilusão por punição divina não é sua responsabilidade, muito menos missão de vida.

ANSIEDADE

"A ANSIEDADE É A VERTIGEM DA LIBERDADE."

Søren Kierkegaard

Vivemos uma época de alta tecnologia. A psicologia e filosofia estão em seu auge, mas nunca tivemos pessoas tão ansiosas. Nutrir a ansiedade é lidar com o futuro e suas incertezas. Uma pessoa ansiosa que age como se tudo fosse feito pra agora acaba atropelando seu parceiro nas decisões. Isso vale da escolha de um prato em um restaurante até decisões importantes como ter filhos. Ansiedade lida com a impulsividade, nem sempre a melhor conselheira.

O medo e a ansiedade andam juntos, apesar de serem diferentes e ambos são uma defesa contra ameaças externas, enquanto no medo você tem a ideia da ameaça que te aflige, na ansiedade você não sabe de onde o perigo pode surgir.

O filósofo dinamarquês Kierkegaard faz uma analogia sobre o que seria a ansiedade: a ansiedade é como a tontura sentida diante da possibilidade ilimitada de um homem, parado à beira de um penhasco. Ele carrega consigo o medo de cair acidentalmente para a morte, assim como a possibilidade de se ver livre para pular caso queira.

Vivemos em uma época de excessos, um excesso de possibilidades. Temos total controle dos nosso destino, mas nos tornamos omissos diante dessa liberdade poderosa. Temos a consciência desse poder de decisão, mas nos paralisamos pela exigência e confusão que esse poder nos concede.

Nesse ponto, passamos a decidir pelo caminho mais fácil. Negamos a responsabilidade sobre nossa vida, passamos a não assumir os riscos, criamos a ideia de que nossas vidas são imunes a altos e baixos, não sabemos lidar com as alterações e ficamos cegos para o fato de sermos mortais e que nosso tempo está acabando.

Você passa a achar que as coisas só acontecem com os outros e você está livre de qualquer mazela.

Hoje temos várias opções e nunca estamos dispostos a errar. Ao usar a metáfora de Kierkegaard, o homem se encontra em um penhasco e tem uma visão de toda sua vida e diante de todas escolhas que sua liberdade permite, ele simplesmente fica paralisado. Qual caminho devo seguir? E se eu estiver errado? Ele não sabe qual escolha tomar, apesar de ter a sensação de que está atrasado. Arriscar é saltar (menina, jogue-se). É estar aberto a possibilidades e isso inclui o amor. É experimentar o novo e testar o limite de nossas capacidades e expandi-las.

As pessoas em redes sociais parecem sempre felizes e bem-sucedidas e isso nos causa uma impressão de que eles descobriram a chave de como viver a vida, e você não. Por isso você não aceita o erro, você se espelha neles usando-os como referência. Nesse conflito em escolher o certo, você acaba travada optando pelo caminho mais seguro que é não fazer nada.

Pelo medo de errar você perde a motivação e imagina "isso não é para mim", "devo ter algo de errado comigo". As cobranças são grandes, você acaba ficando exigente demais com as pessoas e consigo mesma.

Isso te leva a distúrbios como estresse, fadiga, péssimo sono, baixo rendimento e falta de motivação, além de dores musculares. Isso é uma bola de neve de tristeza e descontentamento com seu relacionamento.

Como no trecho escrito por Antoine de Saint-Exupéry, no *Pequeno Príncipe* e o seu diálogo com a raposa:

"Mas a raposa voltou à sua ideia:

— Minha vida é monótona. Eu caço galinhas e os homens me caçam. Todas as galinhas se parecem e todos os homens se parecem também. E por isso me aborreço um pouco. Mas se tu me cativas, minha vida será como que cheia de sol. Conhecerei um barulho de passos que será diferente dos outros. Os outros passos me fazem entrar debaixo da terra. O teu me chamará para fora da toca, como se fosse música. E depois, olha! Vês lá longe, os campos de trigo? Eu não como pão. O trigo para mim é inútil. Os campos de trigo não me lembram coisa alguma. E isso é triste! Mas tu tens cabelos cor de ouro. Então será maravilhoso quando me tiveres cativado. O trigo, que é dourado, fará lembrar-me de ti. E eu amarei o barulho do vento no trigo.

A raposa calou-se e considerou por muito tempo o príncipe:

— Por favor... cativa-me! — disse ela.

— Bem quisera — disse o principezinho —, mas eu não tenho muito tempo. Tenho amigos a descobrir e muitas coisas a conhecer.

— A gente só conhece bem as coisas que cativou — disse a raposa. — Os homens não têm mais tempo de conhecer coisa alguma. Compram tudo prontinho nas lojas. Mas como não existem lojas de amigos, os homens não têm mais amigos. Se tu queres um amigo, cativa-me!

— Que é preciso fazer? — perguntou o principezinho.

— É preciso ser paciente — respondeu a raposa. — Tu te sentarás primeiro um pouco longe de mim, assim, na relva. Eu te olharei para o canto do olho e tu não dirás nada. A linguagem é uma fonte de mal-entendidos. Mas, cada dia, te sentarás mais perto...

No dia seguinte o principezinho voltou.

— Teria sido melhor voltares à mesma hora — disse a raposa. Se tu vens, por exemplo, às quatro da tarde, desde as três eu começarei a ser feliz. Quanto mais a hora for chegando, mais eu me sentirei feliz. Às quatro horas então, estarei inquieta e agitada: descobrirei o preço da felicidade!"

A ansiedade saudável é bem-vinda; o que devemos condenar são os excessos. Ao disparar sinais ansiosos em demasia vamos sobrecarregar nosso organismo, gastando energia em demasia para lidar com essas emoções, criando efeitos colaterais físicos, como dores de cabeça, estresse, pressão alta, queda de cabelo, baixa imunidade, dentre outros. A sua saúde espelha sua mente.

Seja seletiva em quais tipos de sentimentos você vai absorver, ouça as críticas e reflita de por que a pessoa usou aquelas palavras. Agradeça os elogios e aproveite as palavras ditas por outros para melhorar como ser humano. Talvez as pessoas estejam vendo a sua forma de se relacionar de uma maneira que você não enxerga. E ao notar uma outra visão absorva os motivos, mas deixe passar os excessos.

COMO LIDAR COM A ANSIEDADE

A chave é o equilíbrio em manter o Eu Pensante no controle nos momentos em que memórias ruins vem à tona e não as deixar comandar suas ações.

Pessoas desequilibradas tornam-se impulsivas, irritadiças, punitivas e autopunitivas. Tome o controle do Eu Pensante e não se deixe abalar pelas memórias que trazem à tona pensamentos negativos como fobias, ciúmes e insegurança.

Seja leve, pessoas que se cobram demais acabam por liquidar a leveza das relações, principalmente consigo mesmo.

Você nunca estará satisfeita. Isso se aplica às relações e exigências em conseguir um cara perfeito - idealizado. Ao aumentar seu valor além do que você realmente merece, vai acabar por cobrar demais das outras pessoas e pretendentes.

Se você espera que um dia os problemas acabem para finalmente começar a relaxar, entenda que está envenenando seu corpo com cargas negativas de ansiedade e considero isso um tipo de suicídio. As frustações e problemas nunca vão acabar, portanto, seja menos exigente consigo mesma e com as pessoas ao seu redor.

Um dos célebres pensadores que admiro é o físico Albert Einstein. Pergunto-me como ele sabia lidar com seu trabalho no departamento de patentes e ainda conciliar seu amor pela física, família, amigos e música - ele era um exímio violinista e amante da música clássica.

Mesmo com suas atividades ele sempre manteve o foco em suas ideias, não se deixou levar pela ansiedade e levou cerca de dez anos para concluir sua famosa teoria da relatividade.

Einstein tinha menos informações do que matemáticos e engenheiros, mas isso não o limitou a chegar ao seu objetivo final. Foi a forma como ele montou lentamente e com paciência os blocos de informações que ele dispunha para chegar ao seu destino final. O estresse e a ansiedade poderiam tê-lo impedido de concluir sua pesquisa, mas seu equilíbrio o levou mais longe.

Em geral uma mente ansiosa sofre de déficit de atenção, abrindo as portas para as neuras, ciúmes, infelizmente, isso pode desencadear o prematuro fim do seu relacionamento.

Um ciclo vicioso vem à tona. A ansiedade nutre inseguranças e ciúmes e então o ansioso começa a sofrer com um medo excessivo de ser traído. Você passará a usar mais os smartphones e redes sociais, descarregando na culpa, na comida e nas noites sem sono. Tenderá a mendigar mais atenção, alegria, cria expectativas demais e sofre quando não são atendidas. Se frustrará facilmente, ficará mais sensível, carente e passará a se rebaixar, perdendo a maturidade emocional.

ALGUNS PASSOS PARA LIDAR COM A ANSIEDADE

Você precisa identificar como funcionam suas Janelas de Memória e aprender a controlar seus impulsos mantendo o domínio do Eu Pensante.

Sabe aquele momento em que você sente o ciúme e a raiva dominando seu corpo e todas as células do seu corpo gritam para você partir para cima daquela *Embustina* que está dando em cima de seu *boy* magia?

Contenha essa raiva, respire fundo e pense no porquê você está sentindo essas emoções. Concentre-se no momento, assuma o controle do impulso e siga plena e poderosa, linda e louca. Às vezes, se fingir de louca é a saída mais sábia.

1. GERENCIE A PRESENTIFICAÇÃO DO FUTURO

Pessoas ansiosas tendem a trazer para o presente coisas que não aconteceram. O marido de Elaine vai viajar a trabalho e ela está insegura, achando que ele pode estar mentindo. O dito cujo nem fez as malas ainda, mas Elaine já está sofrendo por algo que não aconteceu e talvez nem aconteça. Ela sofre pela expectativa do que possa ocorrer. A culpa nunca será da vítima e se ele de fato a trair, a ansiedade dela, começando uma confusão, não vai impedi-lo de executar o ato em outro momento. Se Elaine começar uma briga antes mesmo do marido viajar, a culpada pela má situação será ela e ainda vai ser chamada de maluca, mesmo que todos os seus instintos digam o contrário.

2. EVITE OS IMPULSOS

Mantenha o pessimismo longe do seu cotidiano. Pensamentos ruins acionam impulsos relacionados com o ciúme. Descontrua suas crenças limitantes e aprenda a correr riscos. Saia de sua zona de conforto, ouse e se reinvente. Preserve a gratidão e aceite rir de si mesma às vezes. Se alguém te engana, você não é o motivo, apenas confiou demais em alguém que não merecia. Você não é errada ou idiota por isso. Você fez sua parte e isso deve ser o suficiente. Nunca ficaremos livres de pessoas sem caráter.

3. SEJA LEVE

Não seja tão exigente consigo mesma e não se puna por não ser perfeita. Beethoven escreveu a nona sinfonia depois de perder a audição. Ele não se deixou abater pelo fato de ser imperfeito e mesmo com sua deficiência auditiva, conseguiu criar essa obra imortal da música clássica.

Crie metas e ocupe sua mente, busque uma versão melhor de si mesma. Assim você ganhará mais segurança e seu ciúme vai diminuir.

Lute contra a necessidade de atenção. Se expor demais em redes sociais pode ser divertido, mas pode te levar ao quadro de dependência de atenção e necessidade de aprovação de todos. Você acabará se preocupando com o que os outros falam e pensam de você.

Aprenda a lidar com seus fantasmas, encare a solidão de forma divertida e reflita em sua solicitude, você precisa lapidar o seu Eu Pensante para ter domínio de suas emoções.

Seja transparente consigo mesma e com os outros. Não é preciso sair abraçando todas as pessoas e animais que estão na rua, mas ser sincera consigo mesma sobre o que você está sentindo, seja de uma forma positiva ou negativa, amando ou sofrendo de amor, eliminará a ansiedade – é um processo de aceitação.

Você sofrerá do mesmo jeito, mas saberá o motivo do sofrimento e lidará com isso de uma forma consciente e responsável. Por trás de toda história de sucesso, sempre existem alguns tropeços e fracassos. Os relacionamentos também são assim. Portanto, se seu relacionamento fracassou, entenda que a culpa não é sua. A parte boa é que você também pode criar outras oportunidades e bem melhores. Quem perde um telhado ganha as estrelas.

E se a culpa foi sua, paciência. Não se pode acertar todas e ganhar todas, e tudo bem. Alimentar o passado só irá atrasar seu avanço, perdendo a chance de acertar com outras pessoas. Toda escolha traz um preço, você fez as suas e deve encarar as consequências com firmeza. Isso é viver.

Insistir no erro pode parecer poético, mas não é real. Lembre-se de que todos os corpos que estão no monte Everest são de pessoas que poderiam ter desistido quando viram todos os sinais que não daria certo e não o fizeram em tempo. Relacionamento leves pedem um pouco de disciplina, dedicação e foco. Seja uma louca leve.

DEDO PODRE

"COMPREENDEMOS MAL O MUNDO

E DIZEMOS QUE ELE NOS DECEPCIONA."

Rabindranath Tagore

Acredito que coisas ruins não escolhem as pessoas, mas as pessoas podem escolher coisas ruins. Merdas acontecem, pronto! Isso é um fato e não importa se é uma pessoa boa ou má, em algum momento as coisas darão muito errado para você.

Ainda não compreendemos se temos a capacidade ou não de atrair coisas más; e nessa necessidade de saber o porquê de todas as coisas, é que são criadas teorias que tentam explicar por que atraímos coisas erradas ou somos atraídos por elas – eu pessoalmente aposto nessa última hipótese.

De todas as teorias, elas mesmas por si só são parcialmente corretas. Não existe uma só teoria que possa explicar o motivo de todas as coisas e que também se enquadre em todos os contextos. A maneira como enxergamos as coisas ou pesquisamos é uma forma de tentar compreender como, às vezes, o mundo é injusto conosco.

Quem se conhece mais erra menos, isso explica o porquê quanto mais experientes ficamos, mais nosso faro para "cagadas" fica apurado.

O ser humano tem o péssimo hábito de sempre culpar os outros ou o destino sempre que sua escolha dá errado. Isso acontece principalmente quando ele não compreende o porquê de algo que parecia tão certo não sair conforme o esperado.

Essas próprias pessoas acabam por se apegar às teorias, culpando o mundo por suas fatalidades. Seja a explicação religiosa, filosófica, psicológica ou biológica, sempre teremos um culpado que não seja o "eu". Talvez seja seu comportamento, seus hormônios ou simplesmente porque alguma força divina resolveu brincar com sua vida. De qualquer forma, é o jeito que você encara as situações que determinará o rumo de sua vida.

A verdade é que não temos respostas para todas as perguntas, ainda estamos caminhando para alguma explicação do porquê coisas ruins acontecem.

Um dos motivos de procurarmos explicações é para aplacar nossas frustações e encontrar motivos que justifiquem nossos sentimentos, formas de agir e pensar.

A minha verdade – lembre-se que a verdade sempre é relativa, vide Pascal – é que nós sempre somos responsáveis por nossas escolhas. Nós escolhemos qual caminho trilhar e assumimos o risco da escolha.

Escolher com quem nos relacionamos possui esse tipo de risco. Não se pode falar em amor sem falar de riscos e no amor não existem erros, apenas aprendizagem, mas quando você arrisca demais e erra sempre, não aprendendo nada com isso, então a culpa é totalmente sua. Nesse ponto você terá duas opções: se agarrar a uma teoria e dizer que o universo está contra você ou aprender a escutar os sinais que o mundo envia e parar de se decepcionar.

Depois que adquirimos conhecimento, conseguimos entender que talvez tenhamos uma parcela de culpa no que nos acontece. Não escolho me apaixonar, não sou obrigado a amar e mesmo assim isso me ocorre, por quê? Por que só atraio caras errados que sempre frustram minhas expectativas?

Existem algumas teses interessantes que podem explicar por que você sempre escolhe o *embustino* errado para sua vida.

Espinoza, filósofo racionalista, afirma que o amor é alegria acompanhada de causa. Você é alegre e tem uma ideia do motivo, mas isso não quer dizer que você tenha acertado. Dessa forma, você pode ter escolhido os motivos errados que te faz feliz. O *Embustino* traz a felicidade até que ele resolva remover sua máscara. Você fez uma escolha errada feliz.

AS MULHERES SOLUÇÃO

Existem mulheres que possuem os instintos de cuidadora apurados. Uma mulher cuidadora tende a se comportar como solucionadora de problemas, ela se compadece de homens problemáticos e os trata como um verdadeiro desafio pessoal. Seja o cara cafajeste ou um homem com a saúde mental comprometida, ela procurará consertá-lo com o intuito de se sentir útil.

Não é incomum elas romantizarem os sacrifícios em busca da aprovação e valorização de si mesma perante ao homem ajudado. "Serei uma mulher especial se conseguir que esse cafajeste fique somente comigo", "ele tem depressão, ficarei junto dele e o ajudarei a sair desse buraco, assim ele se apaixonará por mim", típicos pensamentos de uma mulher-solução. Ela escolhe um problema buscando ser a cura, enquanto o outro não espera fazer sacrifícios, apenas receber.

Sempre que existir um problema, ela permanecerá e ele se tornará uma espécie de sanguessuga emocional. Quando o problema acabar ele simplesmente se afastará perdendo o interesse, ela já não é mais útil.

MOTIVOS ERRADOS

Você está saindo de uma relação que não acabou muito bem, mesmo que você seja bem resolvida esse fim acabou deixando uma estranha sensação de vazio na sua rotina, um buraco que você agora sente necessidade de preencher urgentemente, talvez, você esteja passando por um processo psicológico; uma tristeza profunda, uma depressão e por isso tem receio de ficar sozinha, passando a acreditar que precisa encontrar alguém para superar essa fase.

Em qualquer caso você se sente quebrada, meio perdida e sem um rumo na vida.

Esse é um péssimo momento para tentar entrar em um relacionamento. Por se sentir desse jeito você desenvolve uma carência afetiva, encasqueta a ideia de que a cura está na busca de uma pessoa que possa ajudar você a superar a situação.

Nessa urgência de atravessar essa fase para resolver essa carência, você vai absorver qualquer tipo de emoção que apareça pela frente. Relacionamentos são sacrifícios diários e pelo fato de você estar incompleta fará da sua dedicação um ato custoso demais para si mesma.

É um erro achar que a sua felicidade está em outra pessoa e que ela é a cura da sua doença – você é sua própria cura. Sem querer você acaba condicionando esse pensamento de que só será feliz ao lado de alguém, seja lá quem for. Você vai se dedicar, mesmo que ele não esteja preparado para receber, esquecendo que a cura está em você. Seu dedo vai escolher qualquer um que lhe dê atenção e você entrará em um relacionamento pelos motivos errados, mesmo sentindo que não está fazendo a coisa certa. Antes de trilhar um caminho na companhia de alguém, garanta primeiro que você não está perdida.

COMPLEXO DE ELECTRA

Carl Jung, um psiquiatra próximo de Freud, desenvolveu um estudo que culminou no Complexo de Electra, uma das teorias mais conhecidas sobre o desenvolvimento psicossexual feminino.

Esse complexo explica que durante os primeiros anos de vida da criança, entre 3 e 4 anos , fase em que é gerida nossa sexualidade, a menina mantém um forte vínculo com a mãe. Após descobrir que é desprovida do membro sexual masculino, ela cria uma sensação de que é incompleta, desenvolvendo uma curiosidade acerca desse órgão. Nesse momento, ela passa a se afastar da mãe em busca da atenção do pai. A menina desenvolve o seu primeiro amor pela figura masculina paterna do ambiente e a forma que ela encontra para demonstrar isso, além do apego, é imitar as atitudes da mãe, brincando com maquiagem, usando saltos, experimentando as roupas, manifestando ciúme excessivo e tornando-se hostil. À medida que cresce a menina passa a ter consciência do papel de mãe e pai dentro do convívio e terá sua frustação amorosa diluída, mas acabará nutrindo no inconsciente um flerte pelas características paternas.

Ao desenvolver o seu corpo para o sexo e sentimentos, começará a procurar homens que se assemelhem com o pai. Se ela desenvolveu esse complexo em um lar em que impera o machismo, em que a mãe é apenas uma servidora do lar, sendo submissa e desprovida de autoridade, ela vai procurar parceiros masculinos que tenham essas mesmas características, mesmo entendendo que isso é errado.

O resultado disso é que ela não vai se apaixonar pelos homens aparentemente ideais, vai se sentir atraída por homens que se assemelhem a seu pai em termos de personalidade, escolhendo somente os machistas — caso o pai seja —, tendendo para uma submissão feminina e sem a compreensão do porquê ela só escolhe os caras errados.

ATRAIO HOMENS COMPROMETIDOS

O que eu vou dizer aqui é um tanto polêmico. Se você não tem a capacidade de conhecer pessoas legais, não culpe o acaso ou o destino por isso. A culpa realmente é sua. Explico melhor.

Eu já falei que homens só pensam em sexo, certo? Isso significa que os homens estão sempre procurando sinais que instiguem a sexualidade. Seja um duplo sentido em alguma palavra ou uma olhada em um decote, você chupando um picolé ou um sorriso despretensioso. Todos esses atos e mais outros serão interpretados pelo homem sob uma conotação sexual.

Agora imagine esse mesmo homem, casado, noivo ou namorando, não importa, ele tem um compromisso sério com alguém e por isso está destinado a ter relações sexuais somente com uma mulher. O que vai impedi-lo de manter nesse destino é a falta de oportunidade e o limite de seu caráter e se ele não tem caráter... só a falta de oportunidade o divide da traição.

Vejamos pelo lado da mulher. Você é um tipo de mulher sempre prestadora que carrega consigo o carisma e o desejo de ajudar as pessoas. Você não diferencia para quem oferece seu largo sorriso e assistência, sempre os direcionando da mesma forma para homens e mulheres.

Homens que estão em busca de oportunidades para transar não sabem interpretar bem a diferença entre gentileza e um flerte. Nessa situação se você dá atenção demais para alguém, sempre sorridente, prestativa e mantendo toques físicos, você pode estar mesmo sem perceber enviando sinais para um homem de que você está se mostrando disponível para uma abordagem.

Ele vai se aproximar com sutileza, tentando arrancar mais sorrisos, começará a buscar maiores toque físicos como um esbarrão no antebraço, toque nas mãos, um aperto no ombro ou abraços demorados. Tentará uma maior comunicação pelo WhatsApp e comentários nas redes sociais.

Essa é a forma que ele tem para dizer que também está disponível para você e se você continuar com a mesma postura, ele acredita que você aprova a aproximação.

Ser uma mulher atraente, gentil, simpática e interessante vai atrair todo tipo de homem, inclusive os errados – aqueles que não sabem interpretar sinais.

CORRIDA PELA MATERNIDADE

Existe o chamado da natureza e em muitas mulheres o instinto maternal bate forte, há aquelas que usam a razão, resolvem adiar esse chamado até construir uma carreira, terminar os estudos e encontrar o cara ideal, esperando um momento certo. Mas existe dois tipos de vida: a que planejamos e a que vivemos, e nem sempre as coisas saem como no *script*. A vida não usa roteiros.

Boa parte das coisas podem dar certo, acontecem alguns desvios no caminho, mas a ideia central permanece. Encontrar o cara ideal e no momento certo talvez seja a coisa mais complicada da lista e isso pode demorar.

Quando o desejo de ser mãe desperta, dá-se o início da corrida contra o tempo. Não sou eu quem diz, mas a medicina afirma que quanto mais velha a mulher, mais complicado para engravidar.

Não se pode vencer o tempo, ninguém nunca vence isso e se dar conta desse fato, aliado com o desejo materno, cria-se o desespero. Você precisa encontrar um macho ou ao menos um saco para gerar seu lindo *baby*.

Essa pressa faz com quem você pule etapas, pareça desesperada e faça escolhas erradas.

MULHERES E CAFAJESTES

CINQUENTA POR CENTO DOS MEUS PENSAMENTOS ESTÃO TENTANDO CONTROLAR OS OUTROS CINQUENTA QUE SÓ PENSAM EM TE AGARRAR.

Qual mulher que durante a sua vida não caiu na lábia de um cafajeste? Você pode ser do tipo de mulher que já nasceu com o alarme ligado, mas com certeza tem uma amiga que já teve um *Embustino* responsável pelo seu inferno astral.

Existem dois motivos principais que fazem a mulher se apaixonar por um cafajeste: a evolução e a preguiça biológica.

Sempre existe aquela mulher que adora um cafajeste. Algumas dizem que a pegada é melhor, justamente porque ele treinou bastante, outras assumem que adoram a competição com as outras mulheres em chamar a atenção dele. Amam a sensação de estar concorrendo com as outras para ser a escolhida de ouro dentre muitas do harém. Por vezes, ela nem está tão interessada no cafajeste em si, o interesse vai além disso, o que ela deseja mesmo é o rótulo de "eu sou a melhor mulher" para esse *Embustino*.

A CULPA É DA EVOLUÇÃO

Uma pesquisa feita por Kristina Durante para a Universidade do Texas analisou mulheres entre 18 a 45 anos, durante o período de ovulação. O resultado mostrou que todas as mulheres identificaram os homens cafajestes como perfeitos para serem bons pais e companheiros. Esse resultado não é o mesmo quando se analisa mulheres na mesma faixa etária fora do período de ovulação ou quando elas analisam se esse mesmo cafajeste é bom para outra mulher, uma amiga por exemplo.

Portanto, a culpa é dos hormônios, e nesse período, os fatores como segurança e fidelidade são descartados da análise. A mulher simplesmente quer transar e espera fazer isso com um homem sexy e viril, é o período que ela está subindo pelas paredes. É como fazer compras no supermercado com fome, já tentou fazer as compras do mês de barriga vazia? Você levará para casa itens que você não compraria se estivesse saciada, você compra por ato impulsivo do seu corpo que grita por calorias.

A resposta para esse tipo de comportamento vem da biologia. A imagem de um cafajeste está diretamente ligada à de um macho alfa. Como animais que somos, nossa genética tende a priorizar sempre a perpetuação da espécie e a mulher precisa procurar parceiros com genes fortes para passar para a próxima geração.

O *embuste* passa a imagem de altos níveis de testosterona que resulta em uma boa aparência corporal atlética e com músculos, uma boa imunidade e com isso condições genéticas melhores.

Uma análise indireta da pesquisa é que as mulheres mais jovens são mais suscetíveis a cair nas armadilhas dos *embustes* devido a produção de mais estrogênio, que é o hormônio da procriação. Com o passar dos anos, as mulheres mais velhas e experientes conseguem identificar melhor os cafajestes, já que passam a produzir menos hormônios.

Acompanhado da falta de experiência, elas acabam caindo mais facilmente nos encantos daquele *embuste* lindo, sexy e com bom papo. Todos ao seu redor podem dizer que ele não presta, mas na visão de uma mulher jovem, o cafajeste é um perfeito companheiro para a vida. Alimentam a esperança de que ele vai mudar, mas não passa de uma ilusão. É o conflito entre o corpo e a razão.

Quando estão ovulando, as mulheres mesmo sabendo que eles não são parceiros ideais começam a pensar que talvez com elas seja diferente. É uma falsa autoafirmação para diminuir a ansiedade de saber que está escolhendo errado. Seu corpo diz que ele é ideal, mas sua razão aponta todos os sinais de que esse relacionamento não vai dar certo. Seu corpo quer se reproduzir com um macho alfa e garantir a espécie, sua mente diz que vai dar merda e você pensa: "Ele pode não ser tão ruim assim como dizem, ele mudará por mim". Essa tomada de decisão só piora quando além do banho de hormônios que o corpo produz a situação é regada a álcool ou outras drogas.

PREGUIÇA BIOLÓGICA

O ser humano é naturalmente sedentário. Buscamos economizar energia sempre que possível e somente agir quando necessário, esse é um dos motivos que fizeram o homem sair do nomadismo e criar colônias. Isso ocorreu logo após o surgimento da agricultura e o cultivo de certas culturas e animais.

Nos dias de hoje, encontrar um parceiro ideal é cansativo. Imagine a situação... Para ir a uma balada você precisa se arrumar, maquiar, tomar banho, depilar, arrumar cabelos, encarar a locomoção, fila na entrada e todas aquelas pessoas amontoadas em um espaço regadas a música, bebidas e perfumes. E nesse meio todo, você precisa selecionar um cara legal que tenha um bom papo e que possa ser um parceiro compatível com seus gostos e qualidades.

Ufa, isso por si só cansa e piora com o tempo. Já começa a preguiça. Como encurtar esse trabalho todo? Com a pré-seleção.

Nessa mesma balada você encontra um cara que parece ser legal, bem arrumado, cercado de várias mulheres, cumprimentando amigos e com um belo sorriso e o melhor, sem estar de mãos dadas com alguma mulher, automaticamente o seu interesse aumenta e você institivamente reconhece que ele deve ser um cara sociável.

Se você é uma mulher que gosta da disputa, mentalmente começará a participar da competição de como fisgar aquele cara sorridente do camarote. Ele foi pré-selecionado por outras mulheres e amigos, aquelas pessoas que o rodeiam o selecionaram como boa companhia, ele deve ser um homem no mínimo gente boa. Ele possui todos os rótulos de um cafajeste. Possui atitude, um bom papo e sabe desde de sempre quais atributos as mulheres procuram em um homem. Passa a ideia que é até mais fiel que outros machos, até o ponto de começar a inspirar confiança e segurança e se tiver usando um perfume matador. Bingo! A mulher, por todo trabalho que teve até estar ali, acaba caindo nas graças de um *embuste*. "Talvez comigo ele seja diferente", pensa ela.

CARÊNCIA NA RELAÇÃO

Se entrar em um relacionamento se sentindo carente, você chegará sedenta de atenção e carinho e esse excesso de necessidade de atenção pode pegar o homem de surpresa. No início, ele pode até atender seus anseios, mas você entrará em um ciclo vicioso - quanto mais você tem, mais quer. Ele ficará saturado em manter esse ciclo antinatural e passará a te de dar menos atenção, ele voltará para a área estacionária, o cotidiano, o normal e você exigirá mais atenção, cobrando mais.

Na visão dele, está simplesmente agindo de forma natural, para você ele está diminuindo a atenção ofertada a você. Mas você já iniciou o relacionamento com uma exigência acima dos padrões. Você esticou demais o elástico afetivo e ele está voltando ao seu normal. O que você não sabe é que paixões não duram para sempre, mas a carência afetiva se não tratada, dura!

Lentamente o elástico da paixão começará a retroceder, dando espaço para a tensão do amor. Manter essa tensão levemente esticada entre a rotina e o amor é a chave para o sucesso do relacionamento, mas é preciso deixar essa tensão retroceder, senão o elástico pode partir e é isso que a carência faz com o homem, ela estica o elástico demais e por muito tempo e em vez de te- rem um relacionamento leve, terão uma relação pesada.

HOMEM NARCISISTA

"OS INFINITAMENTE PEQUENOS TÊM UM ORGULHO INFINITAMENTE GRANDE."

Voltaire

Narciso é uma figura da mitologia grega conhecida por sua beleza e orgulho. Sua beleza era tanta que ele despertava o amor em homens e mulheres, todavia seu orgulho era exagerado. Certo dia Narciso viu o seu reflexo em uma lagoa e se encantou por sua própria beleza, acabou se apaixonando por si mesmo e morreu definhando na beira da lagoa, admirando a si mesmo até a morte. É esse ego exagerado que caracteriza um homem narcisista.

No início de um relacionamento, o narcisista se camufla em um homem perfeito, em um príncipe encantado. Ele sabe como ganhar uma mulher e sabe ser um *Game Player* da sedução. São mestres no charme e manipulação, mas escondem uma sociopatia por trás de um belo sorriso. Conseguem imitar com perfeição exatamente aquilo que você espera de um homem; mas não se engane.

Narcisistas estão em busca de atenção, eles se preocupam mais com a sedução do que o desejo de ficar em uma relação. São cronicamente insatisfeitos, desanimados e reclamam de tudo.

No início eles podem até sentir a euforia de todo amante apaixonado, mas essa nuvem se esvai quando percebem que você caiu nos seus encantos. É de seu desejo por ele que um narcisista se alimenta. Ele gosta de admirar seu sofrimento aos pés dele.

Um relacionamento com alguém portador dessa psicopatia passará por três fases bem definidas: a idealização, a desvalorização e o descarte.

A fase da idealização é o começo da conquista. Ele te colocará em um pedestal e não poupará esforços para conseguir sua atenção, é nessa fase que ele fará com que você crie uma imagem perfeita dele e será muito difícil de resistir. Ele realmente se moldará para ser o homem ideal dos seus sonhos. Por ser um mestre da conquista, saberá oferecer aquilo que você espera, satisfazendo seus desenhos e usando todos os truques necessários para isso.

É na fase da desvalorização que o encanto começa a se desfazer. Ele nota que te conquistou e toda a magia da conquista desaparece, ele subitamente perde o interesse em você e passa a cultivar sua angústia em reatar com ele.

É o típico relacionamento ioiô, ele não sai da sua vida e no primeiro sinal de seu desapego, voltará a chamar sua atenção. Enquanto você não tem paz, ele está satisfeito em brincar com suas emoções. Nesse ponto ele vai minar sua autoestima com o intuito de te prender em uma cadeia emocional, você ficou tão encantada por ele na fase da idealização que qualquer outro cara não chegará aos seus pés e ele te diminuirá para garantir que somente ele possa ter acesso à sua saúde mental. Ele mexerá com sua alma.

A pior fase é a do descarte. Depois que se alimentar de sua autoestima, amor-próprio, dignidade, compaixão e respeito, ele vai se cansar de você. Passará a te humilhar para que você permaneça no fundo do poço da tristeza, ele vai te isolar de todas as pessoas que podem te ajudar e acabará com sua imagem. É na fase de descarte que ele tira a máscara e mostra a verdadeira face. Os narcisistas são egocêntricos, egoístas e nunca assumem seus erros. São autoritários, cheios de razão e carregam uma psique envelhecida e gasta por sua educação infantil, essa imaturidade emocional é acompanhada de algumas necessidades neuróticas do narcisista, a ponto de não saber lidar com limites, de controlar os outros, de querer tudo rápido e de ser o centro das atenções sociais.

A origem de um homem narcisista está em sua formação de caráter enquanto jovem, ele é abastecido de raiva, ódio e incapacidade de assumir responsabilidades. Por ter tido uma criação baseada em negligência ou abusos por seus cuidadores, o narcisista não sabe lidar com a perda. Apesar de parecer autossuficiente, o homem de narciso é na verdade uma pessoa carente de atenção e ao conseguir o que quer, ele almeja mais. É um conflito em querer alguém e ter medo de perdê-lo e ter raiva em sentir isso.

O erro da mulher é tentar consertar um homem narcisista. Ela percebe que existe algo de errado com ele e sabe que no fundo ele é uma boa pessoa, mas ajudá-lo é um caminho para sua própria condenação e é isso que ele quer.

Quem inicia um relacionamento com uma pessoa quebrada, procura ocupar um buraco emocional deixado por algum trauma. Ela busca no outro essa função de completude, acontece que com essa dependência emocional do narcisista, não existe uma troca. Ele precisa suprir a carência e para isso precisa assumir o controle sobre ela e isso não é um amor legítimo. A necessidade de controle resulta em dominação.

Na dominação as trocas ficam desiguais, você acaba aceitando o pouco que te oferecem. A necessidade de ocupar o buraco emocional é dele e quem cria a demanda fica submissa à oferta. Amor é igualdade, amor é equilíbrio e igualdade é ser livre por suas escolhas. Existem variadas formas e caminhos a seguir para a liberdade e no momento que você limita essas escolhas, ficando escrava das emoções de um narcisista, mesmo que você não use grilhões ou esteja por trás das grades, você não é livre.

Ame-se o suficiente para que o adeus do outro não leve uma parte sua, para que sobre mais de você para continuar amando. "A verdade depende do indivíduo", dizia o filósofo Grego Protágoras. Isso significa que a verdade é relativa ao contexto da pessoa. Use sua verdade e não ouse se perder para salvar um narcisista. Ele precisa de cuidados especializados e seu amor não será suficiente, ele vai te consumir.

PATINHO FEIO

Não confunda um narcisista com um portador da síndrome do patinho feio. O cisne é uma das aves mais belas do planeta, mas, quando filhotes, são as mais feias. Sabe aquele homem que vive mostrando quantas mulheres dão em cima dele e se orgulha disso?

Provavelmente ele era um patinho feio na adolescência e passou a ser atraente quando adulto. Como a beleza só veio depois da adolescência, ele ainda não sabe lidar com o assédio e o fato de ter enfim sido notado. Por isso, ele massageia constantemente seu próprio ego em busca de autoafirmação, ele se sente bem sendo desejado. Essa síndrome piora quando ela surge após um casamento ter acabado, aquele casamento de juventude onde ele julgou que seria seu último relacionamento com a única mulher que poderia amá-lo e ao sair dessa relação, abre a mente para novas oportunidades e quando elas começam a surgir ele se regozija com elas.

SEXO NO PRIMEIRO ENCONTRO

A mulher conquistou sua liberdade sexual, por que você deveria se importar com o que o homem pensa sobre a escolha que você faz sobre o seu corpo? Existem homens que vão detestar saber sobre sua livre vida sexual, sobre o fato de você escolher com quem quer dormir e ninguém ter nada a ver com essa sua decisão. Esses homens são os machistas e você deve ficar longe deles, exceto se você também for uma mulher que acredita que homens são superiores às mulheres, nesse caso, você deve se preocupar em esconder sua intimidade a qualquer custo. Para um homem machista, uma mulher que dorme com muitos homens não serve para casar.

Mas se você espera se relacionar com homens bem resolvidos com sua sexualidade, que aceitam que homens e mulheres possuem os mesmos direitos, então você não deve se preocupar em ter uma vida sexual ativa.

Em todo caso, se você está saindo com um *boy* magia fofo e quer saber se deve ir ou não para cama com ele no primeiro encontro, a primeira pergunta que você deve fazer é para si mesma: você está a fim de transar?

Se a resposta for positiva faça o que bem entender, sacie seus desejos sexuais, aproveite o momento e foda-se o que ele vai pensar. O corpo é seu e a necessidade é sua e se ele te desvalorizar porque transou com ele, então significa que talvez ele não vale tanto a pena assim. Ele é machista e seu relacionamento vai ser baseado na desigualdade com você sempre por baixo – e não estou falando de uma posição sexual.

Se você não quer transar, mas ele insiste e você acredita que transando sem ter vontade o fará se convencer de que você é uma mulher moderna, liberal e interessante e assim poderá seduzi-lo, então você pensou errado. Você não deve começar um relacionamento cedendo. Isso irá condicioná-lo a pensar que você é submissa, e assim surgirá mais um ponto de desigualdade.

Afinal, você fez o que ele estava com vontade, ele conseguiu o que queria, você abriu as suas pernas sem desejo algum e fez isso pelos motivos errados. Um relacionamento exige sacrifícios dos dois lados, isso é fato, mas para isso é preciso intimidade, é preciso uma relação e vocês ainda não chegaram lá. Sexo nunca será uma arma de sedução. Ser uma mulher que sacia as próprias vontades é a verdadeira arma para conquistar o amor-próprio e se tornar uma *Game Player* da sedução.

Portanto, faça sexo no primeiro encontro se você estiver com vontade e se ele não te valorizar por isso, você recebeu um livramento. Curta o momento e não pire no outro dia com algum tipo de arrependimento ou ressaca moral. Faça o que tiver vontade, certifique-se de que ele é um cara legal e que vai te respeitar, e use camisinha. Se você acha que vai se arrepender no dia seguinte, se sentindo suja ou fora de sua caixinha, então não faça e deixe que ele decida se vai respeitar essa sua vontade ou não. Respeito é a base de todo relacionamento e se ele não tem, sorte sua que descobriu antes de qualquer coisa.

O QUE FALAR DEPOIS DO SEXO

Você resolveu transar com o *Embustino* e quer saber como agir agora. O senso popular diz que se deve esperar dois ou três dias para mandar mensagem na tentativa de não parecer uma desesperada. Nunca acreditei nessa regra infantil, isso é pura ilusão. Se você gostou e curtiu o momento, por que não dizer isso através de uma mensagem atenciosa?

Quando se despedirem e se você ainda quer algo com ele, peça para te avisar assim que chegar em casa para saber que está tudo bem. Mostre interesse e demonstre que se importa com o bem-estar dele.

Você já aprendeu que homens são medrosos, certo? Então saiba falar com ele após o sexo. Não entregue o jogo afirmando que foi tudo maravilhoso, que ele é o melhor ou qualquer palavra que o valorize demais. Quem recebe um troféu não desce do pódio, né? Mas o que ficou em terceiro lugar, quer subir mais para cima.

Portanto, se limite a saber se ele está bem. Não comente nada sobre a noite, mesmo que ele pergunte, ele vai querer saber do seu *feedback* e você pode disfarçar o interesse desviando o assunto para outros acontecimentos da noite: "eu estava rindo aqui da sua piada", "o jantar estava delicioso", etc. Deixe-o na dúvida sobre o que você achou do sexo – seja essa opinião positiva ou negativa, não fale.

Após a mensagem para saber se ele chegou bem, espere doze horas para mandar algum tipo de mensagem. Mesmo que ele seja seu primeiro pensamento ao acordar, não mande sinal de fumaça e respeite a regra.

Se ele começar a mandar textos pela manhã como um "bom dia", responda sem citar o assunto sobre sexo. Para o homem não importa o quão legal foi a noite, se o encontro acabou em sexo, é nisso que ele vai pensar.

Após as doze horas comente como foi legal o dia anterior, mas não deixe a conversar ser levada para a conotação sexual. Cite a comida, a bebida ou alguma coisa engraçada, assim ele não atiçará somente o gatilho emocional do sexo e entenderá que você quer ser levada a sério, afinal você é uma mulher poderosa, linda e louca. Ele terá mais trabalho pela frente.

MESMO SEM TER ATRAÇÃO, HOMEM TRANSA?

Homens conseguem fantasiar durante o sexo e nem precisa existir atração ou sentimentos para isso. Podemos estar com raiva que mesmo assim podemos ter uma ereção.

Se ele já disse que não te acha atraente na cama e te procurar para o sexo, certamente ele está usando seu corpo, mas pensando em outra pessoa e nesse momento vale tudo. Uma transa passada, pornografia, aquela imagem que chamou atenção, a vizinha. Ele vai imaginar qualquer momento ou pessoa para ter tesão, mesmo não gostando de você. Homens são visuais no sexo, precisam olhar o corpo. Então se ele não fizer questão de acender as luzes ou se estiver de olhos fechados, pode ser que não seja o seu corpo que ele esteja visualizando.

ELE NÃO GOZOU

Algumas mulheres jamais gozaram, e apesar de isso ser uma reclamação delas — porque eles estão pouco se fodendo —, não significa que o sexo seja ruim.

Gozar é uma coisa, ter prazer é outra e as mulheres entendem muito bem essa diferença. O fato de ele não ter gozado não quer dizer que não tenha sentido prazer. Além disso, existem diferenças entre gozar e ejacular e nem sempre as duas ocorrem ao mesmo tempo.

Um homem pode ejacular sem gozar e também pode gozar sem ejacular, isso tudo tem a ver com a fisiologia dele. Caso ele faça uso de remédios, drogas ou álcool, ele pode perder a sensibilidade e ter problemas para chegar ao orgasmo. Apesar de conseguir uma ereção, isso não será garantia de que ele chegará ao clímax, assim como as mulheres.

DEVO MANDAR NUDES?

Somos feitos para caçar, então somos motivados pelas conquistas. Se você está na fase de conhecer o *Embustino*, você deve clicar o gatilho do desejo e da conquista.

Mandar um nude é queimar a largada, a não ser que vocês já possuam uma intimidade como namorados ou um relacionamento sério, nesse caso um nude pode atiçar a saudade.

Mas na fase da conquista você vai errar ao mandar nudes por três motivos: primeiro, você não conhece a pessoa direito, ainda não sabe quais são as intenções dele, talvez ele não passe seu nude para ninguém, mas se ele já sabe que não quer nada sério contigo, certeza que ele mostrará sua foto para os amigos. Segundo, ao entregar sua foto nua, você está apagando o gatilho da curiosidade, você pode pensar que ele vai ficar atiçado em querer te ver logo e isso pode acontecer se ele estiver interessado em sexo. Terceiro, homens quando querem algo sério analisam se você é seletiva, se no começo do romance e da conquista você envia um nude para ele, automaticamente ele pensará para quantos homens você já enviou aquela foto e se um dia ele cogitar namorar com você, isso pode virar um fantasma na vida dele "quantos homens possuem a foto da minha namorada nua?"

Caso um dia essa foto vaze para uma roda de amigos em comum - não parece, mas nosso mundo é pequeno e fotos rodam na velocidade da luz - isso pode virar uma crise no seu futuro relacionamento. Se você quer conquistar um homem que vale a pena, enviar uma foto nua sinceramente não é um bom caminho. Como você se sentiria se uma amiga sua mostrasse que recebeu a foto do pinto do seu namorado?

Pense também em seu futuro. Como seus filhos podem lidar ao ver uma foto sua pelada na internet? E como pode ficar sua carreira caso essa mesma foto vaze para os colegas do trabalho? Pense nisso antes de expor suas partes intimidades através de fotos. No momento que essa imagem saiu do celular, todo mundo pode ter acesso e você não possui garantia nenhuma de que um dia vão apagar.

TÉCNICA DO GELO

OS MAIORES MEDOS DO HOMEM VÊM DA INCERTEZA.

ELE NÃO TEME O QUE SABE, TEME O QUE NÃO SABE. O QUE ELE DESCONHECE DE VOCÊ É QUE VAI DEIXÁ-LO COM MEDO.

Antes de começar a falar sobre a técnica do gelo, explicar como funciona e por que funciona, eu preciso fazer algumas considerações do que NÃO É essa técnica: A TÉCNICA DO GELO NÃO É algum tipo de macumbaria.

Se você chegou a esse capítulo e está interessada em saber como usar essa técnica com o objetivo de convencer o seu *boy* a voltar para você, sinto dizer que não é para isso que ela serve.

A técnica do gelo ou simplesmente gelo, é uma manobra que utiliza conceitos de psicologia, com o objetivo de quebrar o ciclo vicioso em que se encontra seu relacionamento, concedendo a você a chave da sua prisão emocional, a fim de resolver a indecisão de seu parceiro quanto a relação de vocês.

Portanto, mais uma vez, a técnica do gelo não é algum tipo de mágica que utiliza as divindades superiores da natureza ao seu favor. Se ele já tomou uma decisão sobre vocês, se já está com outra pessoa ou simplesmente sumiu, não é essa técnica que vai trazê-lo de volta.

Mas se ele ainda está indeciso quanto à relação, se demonstra ciúme, mas não te assume, se você não possui coragem de falar o que sente ou de se afastar ou quer chamar a atenção para que ele tome uma decisão definitiva, essa técnica pode te ajudar. Nada nesse mundo cria tanta sedução e maldição do que um segredo.

Imagine a seguinte situação: Sabrina está ficando com o *Embustino* há seis meses, no início foi combinado que a relação seria apenas sexo, uma amizade colorida apenas para aplacar os dias "de solidão". Nada para ser levado a sério ou ao menos era isso que Sabrina havia imaginado. É o famoso "Pau Amigo", ela curte a companhia dele, as conversas são divertidas e o sexo é bom o suficiente para criar o desejo de repetir a dose sempre que for preciso. Mas, em algum momento, Sabrina começou a nutrir sentimentos por ele, ela não sabe dizer ao certo como isso aconteceu, talvez tenha sido no dia em que ela acordou e ele foi seu primeiro pensamento ou quando sentiu ciúmes dos comentários de outra garota em uma de suas fotos sem camisa ou no dia que ela desejou ficar agarrada mais um pouco depois do sexo. Sabrina sabe que não tem o dever ou a escolha de se apaixonar, ela não procurou criar esse sentimento e muito menos o alimentou, mas ele cresceu sozinho e por conta própria. Paixões possuem essa mania de nascerem adolescentes, cheias de energia e rebeldes.

Toda paixão vem carregada de outras emoções como ciúmes, receios, insegurança, vontade de estar sempre presente, de doar, cuidar e, o principal, a curiosidade em saber se é recíproco. Quem não quer ser correspondida quando se apaixona? Quem não quer saber se o outro sente o mesmo que você?

Apesar de Sabrina ser uma mulher segura e independente, ela pode se sentir emocionalmente abalada. É natural que a incerteza do que o *Embustino* pensa sobre esse sentimento cause nela um certo medo, também é natural que ela comece a criar expectativas, fazendo planos mirabolantes de como eles seriam perfeitos um para o outro. Tudo fica perfeito na cabeça dela, mas existe uma dúvida que pode impossibilitar que os seus sonhos se tornem realidade: será que ele sente o mesmo que ela?

O fato de Sabrina não saber essa resposta traz à tona a ansiedade. Nesse ponto ela procura sinais e mensagens subliminares em todas as atitudes do *Embustino*. Começa a ver intenções que não existem: por que ele me trata bem? Por que ele me deu esse chocolate? Por que me apresentou aos amigos dele?

Para quem vê de fora, pode parecer loucura todas as indagações de Sabrina, mas na cabeça dela todas as atitudes de *Embustino* fazem sentido – "eu sinto que ele gosta de mim".

Ela se martiriza em busca da afirmação para o que sente: será que temos algo além do sexo? Sabrina é rendida pelo anseio e passa a não agir mais de forma natural e o medo de espantá-lo surge, deixando-a cada vez mais artificial. Nasce um conflito interno: temos uma amizade ou um relacionamento? Independentemente da resposta, a única coisa que Sabrina não quer é estragar a relação, confessando a sua paixão e intenção de desejar algo sério com o *Embustino*. Ela passa a ter medo de que ele mesmo tenha medo e que possa se afastar, levando consigo os poucos e bons momentos que passam juntos. Sabrina passa a mendigar migalhas de atenção, ruminando calada e sozinha seus piores anseios, dúvidas, ciúmes e inseguranças. Sabrina agora cria fantasmas.

QUANDO DEVE FAZER GELO?

Para começar o gelo, você antes de tudo precisa deixar claro para ele quais são suas intenções. Precisa matar a dúvida e descobrir se ele sente o mesmo que você.

Não adianta nada iniciar a técnica do gelo como uma forma de chamar a atenção, sem ao menos ter a certeza de que é recíproco ou se ele está fazendo um jogo de sedução com você.

Iniciar o gelo sem um esclarecimento da sua parte, do que você sente, passará simplesmente a impressão que você está com raiva ou com atitudes infantis. Lembre-se que em todas as relações, você precisa disparar os Gatilhos Emocionais corretos, para trazer à tona as Janelas de Memórias boas e assim realçar o real interesse dele como explico no capítulo sobre GATILHOS EMOCIONAIS.

Toda relação e conflito devem ser resolvidos através do diálogo. Apesar das mulheres serem sensitivas por natureza, o homem não possui uma bola de cristal e dessa forma não vai descobrir o que você está sentindo ou pensando. Eles podem até ter uma ideia de que você está agindo diferente, mas dificilmente vão descobrir o real motivo. Por vezes você pode achar que está passando todos os sinais corretos para que ele perceba sozinho seu interesse, mas talvez não esteja ou ele não percebeu, e se percebeu está se fazendo de bobo para não entrar no mérito do assunto.

De qualquer forma, é preciso uma iniciativa sua, afinal, o sentimento é seu e você deve ser plenamente responsável por suas emoções. A sua dúvida nesse momento é descobrir o que ele sente, você vai criar uma situação e aproveitar a oportunidade para entrar nesse assunto com seu *boy* magia. É como um jogo e você agora virou uma *Game Player* da sedução, uma jogadora na arte da conquista. Releia o capítulo "UMA *GAME PLAYER*".

Você precisará iniciar o jogo colocando as cartas na mesa e parando de criar teorias de por que ele te enviou uma mensagem dizendo que estava com saudades.

A sua dúvida agora pode ser: mas desse jeito eu não estarei sendo fácil demais? E como fica a conquista?

Existe uma forma correta de falar sobre sentimentos e criar a oportunidade para entrar nesse assunto, você precisará disparar os Gatilhos Emocionais corretamente e desenvolver o bom senso na hora de abrir o jogo sobre o que você sente. Isso é ser uma *Game Player* da conquista.

Dito isso, o momento correto para criar uma abertura da sua parte é quando já não suporta esconder os seus sentimentos. Durante o nascimento das suas emoções você veio lidando com essas borboletas no estômago sozinha.

Talvez nesse meio tempo você tenha consultado uma amiga, pesquisado no *YouTube*, tenha tentado descobrir algo com um amigo dele ou até ter consultado alguma taróloga para descobrir o futuro de vocês e quantos filhos vocês terão, mas nenhuma resposta a convenceu de como agir.

A ansiedade a invade só de pensar que vai encontrá-lo, as mãos tremem, as pupilas dilatam e o sangue deixa um rubor em seu rosto que você odeia porque não consegue disfarçar. As palavras fogem da mente na sua presença e você sabe que fica nervosa ao seu lado. O coração aperta a garganta pelo ciúme ao descobrir que ele está flertando com outras garotas e suas palavras engasgam o choro quando ele não está por perto. Você reflete como seria maravilhoso se ele te convidasse para programas que não fosse apenas o sexo. Você espera que ele a note de verdade, não só seu corpo, mas sua pessoa e essência.

Se você se identifica com alguma dessas emoções, então esse é o momento para contar o que sente! Você precisa agir e tomar uma atitude. Peço que antes dessa análise, você utilize o bom senso temporal.

Se você é do tipo de mulher intensa que tem pressa em ser feliz, entenda antes de tudo que o homem é um ser inseguro, medroso e tarado. Você precisa ter a sensação de que ele se sente seguro em sua companhia e que se passou tempo suficiente para vocês terem criado confiança e intimidade mútuas.

Um tempo razoável é de um ou dois meses se conhecendo. Pode acontecer bem antes, como no primeiro dia, cada caso é um caso, mas antes de abrir o jogo tenha certeza de que ele se sente seguro contigo. Vocês devem ser antes de qualquer coisa, amigos.

Chega a hora em que os sentimentos te roubam o ar e você até acha isso legal, se fosse recíproco, claro – você está se apaixonando. Ver e rever o perfil dele nas redes sociais, procurando por meninas com as quais ele se relaciona além de você passa a fazer parte dos seus hábitos e isso te frustra, afinal, para todos os efeitos vocês dois estão solteiros e podem fazer o que bem entenderem e sei muito bem como isso doí, essa sensação de querer o outro só para si e torcer para que ele deseje o mesmo.

Você tenta chamar a atenção de todas as formas, enviando sinais da sua maneira e sempre volta para ver aquela foto preferida de vocês juntos. Seus impulsos criam vida própria e estão quase se apossando de suas ações. É chegada a hora de abrir seu coração e expor o que sente antes que seja tarde demais.

Sei que lendo isso dá um friozinho na barriga, talvez você nunca tenha precisado se declarar para alguém ou você alimenta a ideia de que é papel do homem assumir a postura de ir atrás da mulher sempre. Sei que dá medo e é inquietante, mas sei também que nem sempre as coisas acontecem da forma como planejamos.

Nesse e em outros momentos da sua vida, você vai precisar agir em prol da sua felicidade e sanidade – sim, é insano sentir e não poder falar. É preciso tomar as rédeas da situação e criar oportunidades para atingir seus objetivos e caso você ainda esteja com medo de se entregar, lembre-se de que você é a mulher que tem a coragem de abrir as pernas para ele, tem coragem de matar os desejos dele na cama, no beco, no carro e é essa mesma mulher que perde essa coragem nutrindo a covardia ou o orgulho de não expor seu coração para alguém que pode ser um bom parceiro para sua vida. Você é capaz de conceder todas as coisas no sexo, mas quando se trata de sentimentos você é covarde. Não consigo imaginar alguém sendo feliz e convivendo com a dúvida: e se eu tivesse tentado?

Note que todos esses sentimentos falam mais sobre você do que do próprio *Embustino*. Os sentimentos que surgiram são de sua total responsabilidade.

É comum as pessoas procurarem culpados para as dores e emoções que sentem na vida. O outro sempre recebe a culpa pelas expectativas que você mesmo criou sozinha: "você alimentou isso em mim", "por que você me tratou bem?", "por que fez planos?".

Independentemente do real culpado ou de quem você julga ser o culpado, entenda que é obrigação dele te tratar bem e quem deve sanar e resolver essa situação é você dona das suas próprias emoções.

POR QUE FALAR O QUE SINTO?

Acredito que você ainda esteja em dúvida se o correto é mesmo se abrir para o *Embustino* - além das pernas. Sei também que você deve estar com medo de que ao fazer isso ele se afaste de vez ou que talvez passe a ideia de que você esteja sendo fácil demais. É natural ter esses receios, principalmente quando essa atitude representa uma quebra de axioma social. Por isso gostaria de te levar para a seguinte reflexão.

No livro "Antes de Partir" (The Top Five Regrets of Dying), a autora Bronnie Ware, uma enfermeira com longa experiência em cuidar de pacientes terminais, escreve sobre os principais arrependimentos de pessoas em seu leito de morte. Dentre os cinco maiores arrependimentos listados no livro, o terceiro maior é: eu gostaria de ter tido a coragem de expressar meus sentimentos.

No livro é fácil perceber que os maiores arrependimentos da vida não tratam de coisas que você fez e desejou não fazer. Nenhuma daquelas pessoas se arrependeu de coisas que fizeram, mas sim de coisas que deveriam ter feito, mas nunca fizeram por medo ou orgulho.

Após ter a consciência da brevidade da vida – leia o capítulo "BREVIDADE", cria-se um senso de urgência em ir atrás daquilo que nos faz bem e expurgar pesos e coisas desnecessárias. Infelizmente, na maioria das pessoas esse senso surge somente ao se deparar com o fim iminente da vida. Ao saber que você está prestes a desembarcar desse mundo e não ter a certeza do que a espera do outro lado, a sensação é de que talvez você tenha desperdiçado seu tempo em momentos supérfluos ou apenas tenha gasto suas fichas de tempo, aguardando que as coisas acontecessem de uma forma "divinamente natural" – aquela ideia de que tudo tem seu tempo e hora, esperando que as coisas cheguem até você sozinhas. Você seria esse tipo de pessoa? Pense nisso.

Acrescento minha colaboração quanto às vantagens do dizer e do não dizer. Você talvez cultive o pensamento clássico de que é a mulher quem deve ser cortejada. Você foi criada com um pensamento de que deve ser desejada por alguém e eu particularmente acho legal isso, em certa medida.

Quem nunca almejou ser desejado por alguém? Homens e mulheres adoram a ideia de serem cobiçados, de serem alvos de olhos desejosos e ávidos. É sexy, é selvagem, é vívido.

Mas sou do pensamento de que quando você fala para alguém o que sente, trata-se mais da carga que você carrega do que propriamente de outra pessoa. Você faz isso pelo simples motivo de sentir essa necessidade de desapego dessa verdade que te corrói por dentro. Claro que no pensamento clássico romântico você possui uma preocupação de não passar a ideia de que é uma mulher fácil, ao mesmo tempo que tenta passar a ideia que é uma mulher forte, determinada e cheia de ambições.

De qualquer forma a ideia central é mostrar como as coisas funcionam hoje. E eu como homem preciso demonstrar aqui como a mente masculina funciona. Você quer saber como jogar contra ele? Quer descobrir como o homem pensa? Então explicarei tudo que sei. Essa é minha função, mas de qualquer forma deixarei o questionamento: Por que você precisaria fazer isso?

COMO FALAR O QUE SINTO?

De fato, homens foram feitos para a caçada e eles são motivados pelas conquistas, somos naturalmente competitivos e testamos desde nossa infância quem são os melhores. Sempre procuramos ser os mais fortes, os mais rápidos e os mais inteligentes. Na adolescência quando os hormônios começam a aflorar, passamos a competir também no sexo insinuando quem tem o pênis maior, quem transa mais, quem pega mais garotas ou as mais bonitas, nem que seja necessário mentir – aprendemos a criar mentiras de nossos feitos nesse período, ninguém quer ficar pra trás.

A conquista está intimamente ligada aos gatilhos da raridade ou escassez (leia o capítulo sobre GATILHOS MENTAIS) não existe uma forma de falar sobre comportamento humano sem resgatar referências da psicologia e filosofia.

Se você for direto ao assunto vai pegá-lo desprevenido e ele não gostará da insegurança que isso traz. Homens gostam de estar no controle da situação e apesar de todos os indícios, ser pego em perguntas sem respostas é desagradável. A ideia aqui é você usar o bom senso e colocar, de forma discreta, o elefante branco dos seus sentimentos no meio de outras perguntas indiretas que assim não estariam relacionadas diretamente com o assunto que você quer introduzir. Vamos ao exemplo.

Digamos que vocês estão em um barzinho e no meio da conversa você fala:

VOCÊ: Quais são seus planos daqui há cinco anos?

EMBUSTINO: Penso em me formar, fazer uma pós-graduação, comprar um apartamento.

VOCÊ: Legal! Pós-graduação em quê?

EMBUSTINO: Ainda não sei, talvez um *MBA* em negócios.

VOCÊ: E a gente? Como ficaria a gente?

Note que você não foi direta e não começou falando do que sente. A conversa teve sua iniciativa, mas procurando a visão dele da situação do relacionamento, não dos seus sentimentos. Se o diálogo começasse por você falando como se sente, acionaria a ideia de cobrança e exigência e esse tipo de gatilho deve ser evitado. Ao questionar o lado dele sobre a visão da situação, você o deixa livre para argumentar como quiser e dessa forma ele achará que está guiando a conversa, mas você é que possui o controle do assunto. Analise a resposta que ele dará, se ele tem planos para ele mesmo, talvez tenha pensando sobre um futuro com você e se não o fez, é hora de fazer. Nesse momento você começará a falar de como você se sente e quais seus planos.

Um outro exemplo.

Vocês estão assistindo um filme qualquer, pode ser ação, aventura, drama, não importa. Em filmes sempre há um casal, cenas de sexo ou de romance. Aproveite quando o casal estiver em alguma cena romântica ou sexy e fale:

VOCÊ: Interessante como os casais de filmes se encaixam e se assumem e tudo fica lindo não é mesmo?

EMBUSTINO: Também acho.

VOCÊ: Você acha que um dia vamos ser como esses casais?

Note que você não abordou diretamente o assunto, usou algo como exemplo ou as próprias ideias dele para construir a situação, é essa oportunidade que você deve aproveitar, além de já entrar no assunto com uma ideia do que ele pensa ou que não pensou em nada.

Ao abordar o assunto, procure descobrir o que ele pensa sobre vocês dois e após escutar o que ele pensa, deixe claro o que você sente.

Você: Pois bem, estamos ficando há três meses e mesmo sem querer comecei a te enxergar como uma pessoa para mais que sexo. O que você acha sobre isso? Você sente algo parecido?

Vai dar um frio na barriga, uma sensação de vulnerabilidade, talvez uma vontade de chorar, de sorrir ou de esmurrar a cara dele , não faça isso, mas você está fazendo sua parte, todos esses sentimentos fazem parte do processo de colocar para fora o que realmente sente. É o efeito colateral de abrir para o mundo aquilo que só existia na sua cabeça e acredite, é libertador.

ELE SABE, E AGORA?

Você criou uma oportunidade e revelou o que sentia para o seu *boy*. Você sente que tirou aquele peso da consciência e o substituiu por outra mochila pesada: a resposta dele.

Ele te dará uma das seguintes respostas e você escolherá o caminho a seguir a partir disso: ele corresponde ao seu sentimento, não quer nada com você ou vai pensar.

A técnica do gelo serve justamente para você lidar com essas respostas. Se ele corresponder ao seu sentimento, você não vai mais precisar desse livro, esqueça essa técnica e pode indicar essas páginas para sua coleguinha que está precisada de ajuda.

Caso ele diga que não quer nada contigo, não resta nada a fazer além de respeitar a decisão e seguir em frente (leia o capítulo "COMO ESQUECER o EX"). Mas é possível continuar com a técnica do gelo e finalizar na técnica da foto, nesse caso, elas serão utilizadas para você efetuar o desapego e deixar claro para todos o que ele perdeu. É o início da volta por cima.

Se ele foi pego de surpresa, vai tentar dar uma resposta padrão como "não estou preparado para um relacionamento", "não sabia que você se sentia assim", "tenho medo de me relacionar", "sofri demais no passado em outras relações", dentre outras respostas clássicas – eu quis dizer clichê.

Esse tipo de resposta é dado principalmente se o *Embustino* está em uma vida de solteiro, separou recentemente, tem filhos ou que é mal resolvido quanto ao que sente. Nesse caso ele vai preferir pensar por um tempo.

Fique atenta às atitudes dele. Não é errado que ele fique confuso, e deixe que ele se afaste por um período, mas fique alerta. Na maior parte das vezes, nós, homens, já sabemos o que pensamos sobre nossas parceiras.

Por um período de duas semanas não toque nesse assunto e pare de ir atrás dele, mas continue respondendo às suas investidas e até o encontre pessoalmente como se nada tivesse acontecido.

Se após esse período você ainda estiver sem uma resposta espontânea ou se ele não fizer questão de tocar no assunto, mesmo vocês mantendo contato, então é seu dever puxar a conversa pela primeira vez após sua declaração.

Ele pode se recusar a conversar sobre isso ou pior responderá com um "não estou pronto para um relacionamento sério, mas ainda quero manter nossa amizade", essa é a hora de pisar no freio, pois uma decisão já foi tomada: ele resolveu te fazer de "marmita" ou "pantufa".

O termo marmita ou pantufa é usado quando um homem se aproveita dos seus sentimentos para te colocar em um ciclo de dependência emocional com o objetivo de te usar somente para o sexo. Ele passa um tempo dizendo que gosta de você, te ludibria, faz você pensar que um dia ele vai mudar de ideia, fala que vocês devem ter calma e te deixa com a sensação de que vocês possuem quase uma relação, deixando-a sempre disponível e presa a ele emocional e fisicamente.

Você passa a notar que ele somente te procura para sexo ou companhia no tempo dele e para suprir as próprias necessidades e nunca pensando em você, em contrapartida, você passa a ficar dependente emocionalmente, alguns *Embustinos* usam esse seu momento de dependência emocional e passam a fazer pedidos cada vez mais exagerados como pedir dinheiro emprestado, fazer fetiches sexuais contra sua vontade, como um ménage, dentre outras coisas.

Algumas marmitas/pantufas no desespero de tentar agradar e convencer seus *Embustinos* de que são as parceiras ideais, acabam cedendo aos desejos e caem na lábia. Afinal, elas se encontram em uma prisão emocional, trancafiadas e disponíveis para o prazer dos *Embustinos*.

A diferença da marmita para a pantufa é que, como marmita, o casal até sai para alguns lugares públicos, ele te apresenta para amigos e família e cria expectativas de que talvez sua relação esteja avançando. Infelizmente esse tipo de atitude não significa que ele esteja gostando de você, ele apenas curte sua presença e deixa claro isso, sem significar que sua relação vá evoluir. Por vezes ele pode até te apresentar para essas pessoas em busca de uma aprovação social, mas que poderá ficar só nisso. Não se iluda com essas atitudes, elas não significam nada.

A pantufa é aquele calçado de uso exclusivo do proprietário, utilizado somente dentro de casa – sem exibição em público, e que serve só para aquecer.

A finalidade da mulher marmita e da mulher pantufa é a mesma: só sexo. Acontece que a marmita ainda sai para lugares públicos com ele, a pantufa não. Existe ainda a mulher pantufa *Delivery;* não contente em ser somente "comida" em casa, ainda vai para a residência do *Embustino*, levando comida e os pedidos que ele faz. Ela faz isso com o intuito de agradá-lo, e ele de enganá-la.

Pois bem, você revelou seus sentimentos, fez sua parte e ele não se manifestou a favor da relação. Ele tomou uma decisão e agora você possui duas escolhas: continuar como está, sendo marmita/pantufa ou procurar sua felicidade em outro lugar.

É nesse momento que você deve iniciar a técnica do gelo. Se você continuar com a mesma situação, alimentando a esperança de que um dia ele vai mudar de ideia, entenda que isso dificilmente vai acontecer por um simples motivo: por que ele mudaria de ideia?

É muito cômodo para o homem que te faz de marmita/pantufa continuar nessa relação do jeito que está. Você namora sentimentalmente com ele, pois é você quem nutre a ilusão de uma paixão e cria expectativas. Por outro lado, ele continua solteiro, ficando e fazendo o que bem entender e com quem convier. Você entrou na pior situação: você é a amante de um solteiro.

É chegada a hora. Você precisa se afastar do relacionamento para que ele sinta a sua falta e te valorize. A ideia principal do seu afastamento é fazer com que o homem saia da sua ZONA DE CONFORTO, disparando os principais gatilhos emocionais relacionados com a perda e ausência. Assim o cérebro dele será estimulado a tomar uma decisão definitiva quanto a relação de vocês. Afastar-se é estimular nele o medo da falta permanente que é o principal objetivo da técnica do gelo.

Esse é o momento que você ficará mais ansiosa. Você terá medo de se afastar do seu parceiro, terá receio de que ele vai desistir de você de vez e terá medo do que ele pode pensar.

Mas compreenda que é justamente esse medo que você sente que te faz aceitar e não mudar essa situação. O medo prepara um terreno para a semeadura da sua carência emocional. É esse sentimento que te faz aceitar as migalhas de atenção que ele te oferece, passando a alimentar a esperança de que um dia ele simplesmente possa mudar de ideia, coisa que não vai acontecer. O medo te aprisiona nesse ciclo vicioso, te mantendo cárcere da sua prisão emocional e caso você não faça nada a respeito, possivelmente ficará refém das suas emoções por um longo tempo. Enquanto isso, ele ficará te usando e enganando, se relacionando com outras mulheres e levando uma vida de solteiro, até o momento que encontrar uma outra para firmar um relacionamento sério que não será você. A escolha da mudança é toda sua.

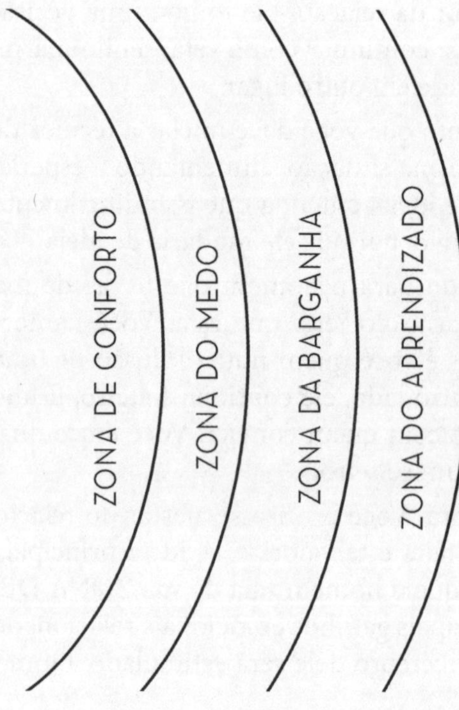

A ZONA DE CONFORTO MASCULINA

ZONA DE CONFORTO	ZONA DO MEDO	ZONA DA BARGANHA	ZONA DO APRENDIZADO
Sente-se seguro e no controle	*Importa-se com a opinião de terceiros*	*Reconquista*	*Mudanças*
	Medo da perda	*Procura negociar*	*Faz planos*
	Quebra da Autoconfiança	*Tenta resolver o problema*	*Toma iniciativas*
	Faz jogos Emocionais	*Empatia*	*Coragem para avançar na relação*

É muito cômodo para o homem estar em uma relação aberta. Afinal, é você quem desenvolveu sentimentos, enquanto ele continua solteiro e disponível para fazer o que quiser, sem se preocupar com cobranças como a fidelidade.

É de sua responsabilidade saber o que fazer com essas emoções, como agir diante delas e como reverter o jogo para sua conveniência.

Homens e mulheres são diferentes na forma de pensar. Não quero dizer que existe melhor ou pior, somos socialmente e politicamente iguais, mas com nossas diferenças biológicas. Entender isso é primordial para compreender que para o homem é muito fácil separar o amor romântico do sexo. Sexo é uma coisa, sentimento é outra e nem sempre se misturam.

Analise a imagem e o quadro das páginas 304 e 305.

A zona de conforto (área mais interna) é o local em que o homem se sente seguro e no controle do relacionamento. Homens anseiam pelo poder na relação, buscando sempre proteger e dominar seu espaço e convívio. Ele nunca sairá dessa zona sem um motivo especifico e a mulher ao nutrir seu medo de se afastar do relacionamento com a ideia de que seu parceiro um dia mudará de ideia, estará apenas nutrindo a permanência dele nessa zona de conforto.

Nessa região ele terá posse dos seus sentimentos e garantirá essa posse alimentando cada vez mais seu medo de se afastar, criando um ciclo vicioso em que você ficará triste porque está em um relacionamento que não evolui, ao mesmo tempo com receio de se afastar por medo de perder o pouco que tem, frustrando suas expectativas de que um dia a sua situação mude. Você passa a aceitar migalhas de atenção e afeto em favor do sofrimento.

Enquanto o homem estiver na região da zona de conforto, ele poderá praticar o relacionamento ioiô, te procurando somente para o próprio prazer, acabando a relação e voltando depois de um tempo. É normal nessa região ele tentar te diminuir, é dessa maneira que ele mantém o poder sobre você, alegando que não existirá homem melhor que ele, que nenhum outro irá te querer e que outros homens só pensam em fazer sexo contigo.

É nesse contexto que surgem os relacionamentos abusivos, aceitar esse tipo de situação é perder sua própria identidade, a relação vai te consumir de tal maneira que será improvável uma evolução de sua vida individual, você passará a aceitar que toda sua vida gira em torno de um relacionamento que nem existe. Ele vai te dominar, impedir que trabalhe, que faça academia, que estude. A situação tende a piorar e sua dependência vai evoluir de emocional para física e financeira. Isso tudo ocorrerá sem você notar, e, quando menos se esperar, seu relacionamento passará a ser uma questão de sobrevivência: ou você aceita as imposições dele ou ficará sem teto e sem dinheiro. Leia o capítulo sobre "RELACIONAMENTO ABUSIVO".

Agora reflita: Por qual motivo o homem sairia dessa zona de conforto?

É necessário que o cérebro dele seja estimulado a avançar para a zona do medo. Para isso é preciso acionar os gatilhos emocionais da ausência e da falta (escassez). Somente assim ele sentirá a necessidade de sair da sua zona de conforto e pensar em como recuperar seu domínio novamente. Você precisa deixá-lo se sentir incomodado.

É cômodo se sentir seguro e no controle. Para sair desse relacionamento e fazer com que ele tome atitudes reacionárias, você precisará disparar gatilhos que o façam revidar a situação. O fato de vocês continuarem "ficando" dando chances e mais chances, passará o pensamento de que ele nunca irá te perder, afinal, ele também sabe que você carrega o medo de ficar longe e isso será usado contra você.

E qual gatilho seria esse?

São dois os principais gatilhos emocionais: o gatilho da falta e o da felicidade alheia. Nada incomoda mais um *embuste* do que o sentimento de perda e o de encontrar a pessoa que ele dominava sendo feliz sem ele.

Você vai se afastar do embuste, viver sua vida sem ele. Esse momento é crucial, você vai sofrer também pela falta e precisará ser forte para resistir aos impulsos de mandar mensagens em busca de atenção. Mas acredite, se você sofre, ele também pode estar sofrendo. Ao acionar o gatilho da ausência, a mente do homem se move da zona de conforto para a zona do medo, nessa zona ele começará a dar sinais de insegurança, já que ele acreditava ter você sob controle, mas por algum motivo que ele desconhece, você se afastou. Você estava sob o seu domínio, sempre disponível, e como em um passe de mágica a situação mudou.

Essa atitude dispara também o gatilho emocional da perda, acompanhado da queda da autoconfiança ele começará a ser influenciado pela opinião de outras pessoas. Amigos em comuns começarão a trabalhar o seu psicológico sem saber.

Como você se encontra livre, a mente masculina começa a fantasiar. Ele começa a criar desculpas para seu sumiço, começa a culpá-la pela ausência e ao tentar falar contigo, começará a tentar te rebaixar, afirmando que você é imatura e que não sabe conversar, joga em você a ideia de que é por esse tipo de atitude que vocês nunca deram certo, ou seja, ele cria uma inversão da culpa, afirmando que você é o motivo pelo fim e pelo seu afastamento.

Não se iluda, isso é tudo fachada e faz parte do jogo emocional masculino. Lembre-se novamente de que você é uma *Game Player* da Conquista. Ele ameaçará te bloquear, vai parar de te seguir em redes sociais e fará de tudo para que você vá atrás dele. É uma raivinha passageira que bate no ego do *Embustino*.

Ele quer mesmo é retomar desesperadamente o controle da relação e de sua vida. Não fraqueje! Essa é a sua hora.

Você sentirá medo de perdê-lo, porque ele pode ficar com raiva e de fato ele pode ir embora de vez. Você pode também passar a acreditar nas ideias dele e achar que de fato a culpa é sua, mas não é! Acredite nisso, você é a sua melhor versão, e se ele está lidando com esses sentimentos de raiva e fazendo birra, é porque ele está com ciúme e onde há ciúme há sentimentos, onde existe fumaça, existe fogo.

PROCESSO VIDA OFF-LINE

AS MELHORES HISTÓRIAS NÃO ESTÃO NOS STORIES.

Todo processo é caracterizado por um conjunto de tarefas com início e fim determinados. Durante um processo, é preciso criar metas para alcançar objetivos. Como dizia Lewis Carroll, "quem não sabe para onde ir, qualquer caminho serve".

O objetivo desse processo Vida Off-line é que você possa diminuir sua ansiedade, fazendo uma redução de sentimento negativos e que podem nutrir sua carência. É algo parecido com um detox alimentar, retirando as impurezas que envenenam o seu corpo e esse processo vai te auxiliar quando decidir se afastar do seu *Embustino*. Ele tem um começo e um fim.

Durante duas semanas você deve praticar o desapego colocando em prática simples tarefas que vão disparar gatilhos emocionais. Dessa vez, os gatilhos têm o intuito de expulsar da mente os pensamentos negativos que as lembranças do seu relacionamento despertam e serão acionados em você mesma. Essas memórias trazem a sensação de tristeza e infelicidade, emoções que devem ser evitadas. Esse processo pode ser difícil para algumas pessoas, mas não para você, uma Mulher PLL.

Como viver o Off-line? Trago os passos que você deve seguir durante essas duas semanas e o que fazer para finalizar esse processo. Foque nesses passos durante duas semanas, essa é sua meta. Você vai começar a sair de sua zona de conforto e a abrir os olhos para a realidade. Repito, pode ser difícil no começo como tudo na vida, mas garanto que no final você se sentirá uma outra mulher.

Siga esses quatro passos em sequência:

OFF-LINE 1
Aprenda a Fazer Falta
OFF-LINE 2
Execute a Dieta do Casamento
OFF-LINE 3
Chegou a hora da Técnica da Foto e Dia do Embuste
OFF-LINE 4
Colha os resultados

UM ALERTA!

Pode ser que o *Embustino* surja durante o seu processo de vida Off-line e você tenha que lidar com esse fato, e principalmente com suas emoções. Um erro cometido nesse processo e você pode colocar tudo a perder, o guiando novamente para a zona de conforto. Existe somente um momento em que é permitido interromper a Vida Off-line: quando ele ficar desesperado e tiver uma proposta nítida a te fazer.

O principal objetivo da técnica do gelo é tirar o homem da sua zona de conforto e transportá-lo para a zona da barganha. Alguns homens podem demorar para sair, outros saem com mais facilidade e outros nunca sairão. Por isso você precisará de bom senso, paciência e usar o *feeling* que somente a mulher possui.

Seja Poderosa e dona de si durante toda a técnica, não ceda aos impulsos de parecer disponível, lembre-se de todos os motivos que a levaram a comprar esse livro. Nunca esqueça que jamais deve aceitar menos do que merece.

OFF-LINE 1: APRENDA A FAZER FALTA

QUEM NÃO FAZ FALTA, NÃO É SENTIDA.

Vamos explorar um gatilho emocional importantíssimo, o Gatilho da Falta. Como o nome já diz, você precisará aprender a fazer falta para disparar esse gatilho e deve fazê-lo da forma correta. Platão, filósofo grego, sempre defendeu a tese de que nós, seres humanos, alimentamos um desejo permanente pelo que nos faz falta. "Só amamos o que desejamos e só desejamos aquilo que nos faz falta".

Essa premissa filosófica é a base do Gatilho da Falta. Quem está sempre disponível, aquela que nunca faz falta, não é desejada, e quem não é desejada não é amada.

Sei que tem dias que você gostaria que existisse algum tipo de fórmula que a fizesse desaparecer. Eu sei também que quando as coisas que você planejou não saem bem como você havia imaginado tem a impressão de que precisa desistir de tudo. Eu quero que você saiba que eu também me sinto assim em alguns dias e que apesar de tudo aprendi que está tudo bem se sentir assim, qualquer tipo de emoção seja ela positiva ou negativa faz parte da natureza humana. Talvez o problema seja que somos imediatistas, queremos a solução agora. Queremos perder 10kg em um dia quando começamos a dieta, queremos esquecer logo o ex, queremos passar para o final do livro e descobrir se aquele casal superara todas as barreiras e fica juntos.

Você preferiria simplesmente sumir, fingir demência, bloquear ou excluir os contatos dele do celular e de todas as redes sociais. É nesse ponto que preciso dizer: NÃO FAÇA ISSO!

A vontade é de nunca mais vê-lo, perder o contato e apagá-lo da memória, afinal, o que os olhos não veem o coração não sente. A raiva começa a surgir dentro de si, buscando queimar o sentimento que você criou – na verdade você não criou, ele simplesmente surgiu, o que dá mais raiva ainda.

Ótimo! Não existe nada de errado nisso, a culpa não é sua pela paixão que brotou. E não! Você não é burra por ter tentado agradá-lo por todo o tempo que estiveram juntos. É saudável nutrir emoções e vivê-las. Seja grata pelo simples fato de você sentir algo. A depressão é uma realidade atual e muitas pessoas sofrem dessa doença, não conseguindo sentir a energia da vida, enclausuradas em um mundo sem cor, sem gosto, sem graça. Sentir esse gostinho de ter emoções reais é um privilégio.

Ser emocionalmente madura não é garantia de que você não vá sofrer em algum momento. Ter maturidade emocional é entender o motivo do sofrimento e saber lidar com isso. A dor faz parte da vida e devemos extrair a melhor parte dela: o aprendizado.

O que te cria a angústia é o fato de seus sentimentos não serem correspondidos, nesse ponto do livro você já deve ter entendido que isso não é uma maldição, pelo contrário, é uma bênção! Dói, eu sei que dói. Dói tanto que você acredita que tudo vai explodir ao seu redor, aquela sensação de fragilidade surge, sua intimidade fica exposta, um ponto fraco à mostra e em seu lugar abre-se uma ferida, mas a realidade é que somente os fortes carregam a coragem de viver o que realmente sentem.

Uma prova disso é que com a tecnologia da comunicação atual, existem homens que não possuem a coragem ou dignidade de acabar um relacionamento pessoalmente, fazendo por mensagem em um aplicativo. É o medo de demonstrar sentimentos, de sentir-se vulnerável que faz as pessoas buscarem o caminho mais fácil, aquele caminho que dói e expõe menos.

Estamos caminhando para um mundo superficial, formado por pessoas frágeis em seus sentimentos, uma sociedade com emoções instáveis, compulsiva em priorizar as aparências; cada vez mais impulsivas e ignorantes quanto às próprias emoções.

O amor definitivamente não foi feito para amadores. É preciso coragem para amar ou loucura.

Bloquear, apagar fotos, deixar de seguir tornaram-se representações de raiva e descontentamento e pasmem: o simples fato de parar de curtir fotos um do outro virou motivo de brigas e discussões entre casais. As pessoas têm passado a interpretar os sinais de modo equivocado e acabam dando valor demais nas atitudes sociais irrelevantes como trocar o status para relacionamento sério em uma rede social.

Quando foi que paramos de ir na casa dos amigos para um abraço, fazer uma visita de apoio; hoje substituímos o calor humano por um comentário como "força amiga". As relações têm migrado da vida real para o mundo virtual, e começo a ter a sensação que temos nos tornado cada vez menos humanos e alheios às emoções.

Buscamos suprir essa carência de atenção exibindo toda nossa vida na rede virtual. Por um lado, estamos menos disponíveis no mundo real – ocupados demais, por outro lado se quiser saber como estou, basta me seguir e acompanhar minhas postagens diárias. Essa necessidade de contato, de chamar a atenção, nos torna cada vez mais ansiosos.

Criamos expectativas de quantas curtidas a última foto de biquíni vai atrair, quantas pessoas vão te procurar no *direct* e quais comentários a postagem sobre o frango assado do almoço vai ganhar. Essa necessidade é viciante, e, quando menos se espera, você passa a dormir mais tarde, acorda mais cedo, perde o sono, a energia e toda a sua vida passa a estar escancarada na internet.

E se você começar a fazer o caminho inverso? Já que todas as pessoas te acompanham na vida virtual, por que não cortar isso e começar a fazer falta? Vamos aproveitar o contexto. Se todos ou a maioria das pessoas passaram a viver uma vida virtual, expondo-se, então se eu parar de postar minha vida eu estarei fazendo falta, correto? E ao praticar essa ausência, o que eu farei durante esse tempo? Simples, viver!

Como fazer essa falta? Primeiramente, mantenha o *Embustino* ativo em todos os seus contatos e redes sociais. Ele precisa testemunhar a mudança que você faz em sua vida e lamentar o mulherão da porra que ele perdeu, mas para isso ele precisa visualizar sua mudança e estando bloqueado por você, isso não vai acontecer. Então nada de bloqueio, entendido? E se ele estiver bloqueado agora enquanto você lê este livro, vai lá, desbloqueia e vamos fazer a mágica acontecer e se foi ele quem te bloqueou, sem problemas, a sua mudança chegará aos ouvidos dele de qualquer jeito.

Uma das vantagens da internet é a velocidade com que as notícias correm, ele saberá. Antes de começarmos, quero aproveitar para deixar claro o seguinte, a técnica do gelo não se trata de simplesmente sumir. Não é se comportando como uma criança birrenta que você vai chamar a atenção dele. Dar o gelo significa se tornar objetiva e fria, trata-se de se afastar de forma correta. Será um erro se você simplesmente parar de falar com ele, bloqueando ou excluindo o *boy* das redes sociais e do WhatsApp, com essa atitude você passa a impressão de infantilidade ou que está com raiva, nas duas situações o homem pode se aproveitar da ideia, tentando te rebaixar e convencendo você de que ele é o correto na história. Não é isso que queremos.

E se eu me afastar por essas duas semanas e ele sumir de vez? Nesse caso, aceite que ele nunca teve interesse. Pode demorar um pouco mais para ele aparecer ou ele pode surgir em menos de duas semanas, mas também é possível que ele nunca mais apareça; e o que você ganhará com o sumiço definitivo dele? Bem, você era uma marmita/pantufa, não era? Já desconfiava que ele não te valorizava, certo? Agora você terá a certeza: ele só te enganava. É hora do desapego.

Quem não faz falta, não é sentida e no caso dele você não era tão importante assim como imaginava.

COMO SE AFASTAR NO WHATSAPP

Se o seu crush é do tipo "homem porteiro", que só cumprimenta com um bom dia, boa tarde ou boa noite, mas não evolui para uma conversa, desconfie se ele não está fazendo isso só com você, mas com vários outros contatinhos. Agora você não tem mais obrigação de responder aos "educados" cumprimentos dele, nem ao menos fingir que achou engraçadas as piadas e memes que ele te encaminha – ele não tem nem a decência de te mandar individualmente.

Você já fez sua parte se abrindo, dizendo o que sentia e se ele te envia essas coisas, pode estar enviando para todos os contatos ou tentando manter seu pensamento e sua atenção nele. Nesse momento você deve disparar o Gatilho Emocional da Falta. A ideia aqui é passar a impressão de que você não está mais disponível e que ele não é mais sua prioridade. Você mostrará a mulher interessante que você é, não que você já não seja, mas ele precisa entender que você reconhece seu valor; só assim ele vai te valorizar. Você é uma Mulher PLL, agora é a vez dele saber disso.

O QUE DEVO FAZER?

A regra é a seguinte: quando ele te enviar uma mensagem, conte ao menos doze horas para responder. Se ele te enviou uma mensagem pela manhã com um "bom dia", você vai visualizar - por isso ele deve estar desbloqueado, e não responder na mesma hora. Lembre-se, você está ocupada vivendo sua vida.

Darei um exemplo: Amanda recebeu mensagem do *Embustino* às 08h de uma segunda-feira, depois que ele sumiu por todo o final de semana. Ela quer descontar toda a raiva nele, falando umas verdades sobre o fato de ele não ter respondido o convite dela de saírem no sábado e quer satisfações sobre o misterioso sumiço – na verdade, nem é tão misterioso assim, Amanda é mais eficaz que o *FBI*.

Em vez de começar um diálogo, alimentando a necessidade de atenção do *Embustino* – que é a intenção dele, ela simplesmente visualiza e deixa para lá – mesmo morrendo por dentro. Às 20h, Amanda responde: "Oi, desculpa, estava ocupada".

Somente isso! Não dê explicações, não se justifique, seja clara, objetiva e sucinta.

O *Embustino* pode ter passado o dia tentando falar com ela, mas Amanda estava "ocupada" (mesmo não estando), passando a ideia de escassez e indiferença. Ela agora não está mais disponível para o *Embustino* e ele vai ficar nervoso por isso.

O ponto aqui não é ser verdadeira com a situação, mas criar uma ideia boa o suficiente para que ele comece a ficar desconfortável. Não será necessário mentir, basta ser discreta e expor menos suas atividades. Homens ficam incomodados pelo mistério, eles gostam de controlar a situação e para isso precisa de informações que você mesma dá, já que você expõe tudo nas redes sociais.

No momento que você para de prestar contas de sua vida, eles começam a ficar com medo e passam a fazer exigências para se sentir mais seguros. Isso inclui atitudes como mandar foto toda hora, dizer onde está, o que está fazendo, com quem está conversando, com quem foi almoçar, etc.

A mente do homem é criativa quando perde o controle da situação. Amanda sempre respondeu prontamente as mensagens de *Embustino* e se ela parou de responder, o primeiro pensamento dele será a de que existe outra pessoa na jogada. Ele pensará: "aconteceu alguma coisa que não estou sabendo", "será que ela perdeu o interesse?" ou "ela deve estar afim de outro cara".

Essa ideia não é tão difícil de entender, não é mesmo? Essa mesma situação tem acontecido com você quando ele some. A diferença é que agora você vai inverter o jogo. Homens são bons em disfarçar o que sentem, isso é uma característica evolutiva de uma época em que a sobrevivência dependia da caça e da guerra. Mas, acredite, o que você sente, nós homens também sentimos, só que fingimos melhor.

É possível entender como funciona a frieza do gelo? Começa a notar como tirar o homem da zona de conforto e encaminhá-lo para a zona do medo? É justamente ficando indisponível e o deixando pensativo com a situação. Respondendo com frieza, de forma objetiva e somente o necessário sem intimidade e com um certo atraso. Nessa situação, ele pode ficar tão incomodado a ponto de te ligar (quem liga hoje em dia é sinal de urgência), de ir à sua casa, ao seu trabalho e procurar saber com suas amigas o que está acontecendo. Ótimo! Esse é o ponto em que queremos chegar.

Na aplicação do gelo podem surgir dúvidas como:

Por quanto tempo devo fazer isso?

O tempo necessário para a prática da técnica do gelo vai depender do quão desesperado ele fica. No gelo o ponto principal é tirá-lo da Zona de Conforto, passá-lo para a zona do medo, até que ele atinja a zona da barganha (negociação).

Ele mandou bom dia, posso responder?

Não!

Não vou parecer mal-educada?

Ele te fode o juízo, sentimentos e você quer ser a educadinha?

É aniversário dele, posso mandar parabéns?

Você pode mandar parabéns, presente, ir pra cama com ele, sem problema nenhum, mas no outro dia você vai continuar sofrendo do mesmo jeito. A escolha é toda sua.

Fiquei dois dias sem falar com ele aplicando o gelo, ele mandou uma foto bonitinha e eu respondi com risos, fiz errado?

Completamente errado! Quando falo pra não responder nada, você entende o quê? E o fato de ter ficado dois dias sem falar com ele e, na primeira oportunidade, quando ele fala contigo, você responde, então quem estava aplicando o gelo era ele, não o inverso.

Anote bem: é no momento que ele fala contigo que começa o gelo.

Participamos de grupos no WhatsApp.

Vocês possuem grupos em comum do WhatsApp, nesse ponto você deve agir como nada tivesse acontecido. Evite mandar mensagens e se omita das respostas. Tudo que você enviar no grupo pode parecer indiretas para ele e os outros podem pensar a mesma coisa. De uma forma geral, só interaja o necessário. Ele precisa ficar sem informações suas e quanto menos melhor.

COMO SE AFASTAR DAS REDES SOCIAIS

Durante o processo Viva Off-line é de extrema importância que você se afaste das redes sociais. Ficamos tão viciados com nossos *smartphones*, andando curvados e de cabeça baixa que por muitas vezes esquecemos de curtir o que está ali do nosso lado. Desconheço uma só pessoa nas redes sociais que seja malsucedida ou infeliz. Todos sempre estão felizes, em baladas, viagens, bebendo e a felicidade é plena. É essa imagem que tem nos tornado cada vez mais ansiosos que acirra o medo de errar. Com tantas pessoas felizes na internet, por que eu não sinto o mesmo? Onde estou errando? Essa falsa realidade nos leva a ser mais exigentes, nos cobrando mais e não aceitando as nossas falhas.

Por isso cito dois motivos para você se afastar das redes sociais: você precisa viver a sua vida real, diminuindo a ansiedade, as próprias exigências, evitando ver a vida do *Embustino* e começando a enxergar seu verdadeiro valor e o principal, ele precisa ficar sem notícias suas, você precisa fazer falta.

Ao se omitir das redes sociais e parar de exibir sua vida – que venhamos e convenhamos, não deve tá lá essas coisas já que você anda sofrendo, ele não poderá colher informações suas e começará a sentir sua ausência, criando dúvidas de por onde você anda e o que anda fazendo. É o começo do Gatilho da Falta.

Além disso, não é só o *Embustino* que vai começar a sentir sua falta, a própria rede social também saberá da sua ausência.

A tecnologia das redes sociais utiliza algoritmos de Inteligência Artificial. O objetivo de toda rede é manter seus seguidores fiéis e incentivá-los a continuar usando seus aplicativos. Talvez você não saiba, mas quando você posta coisas demais, a própria rede social começará a limitar as visualizações das suas postagens. O propósito disso é permitir que a navegação dos seus seguidores fique mais cômoda.

Talvez você já tenha notado a postagem de alguma amiga sua que já contava com mais curtidas que a sua, apesar de ela ter postado naquele exato momento. A postagem apareceu para outras pessoas antes de surgir para você. Essa é uma das técnicas da Inteligência Artificial, filtrando o conteúdo e decidindo para quem aquela postagem aparece primeiro.

E o que tem a ver isso com nossa técnica do gelo? Vamos utilizar esse recurso para aplicar o que eu chamo de técnica da foto. É a tarefa Off-line 3, que aplicaremos mais na frente.

Enquanto você "faz falta", você passará a viver mais sua vida real, evitando o mundo de contos de fadas das redes sociais, onde todos estão felizes o tempo todo. Tudo ilusão, você deve conhecer algum casal feliz na internet, esbanjando felicidade em fotos fofinhas, mas que por trás das telas vivem a traição e são infelizes.

Afaste-se do mundo virtual, passe a se cobrar menos, cultive a paciência e se dedique a se conhecer melhor. Pare de expor demais sua vida, e, se você é do tipo de pessoa que não consegue ficar apenas duas semanas sem observar a vida alheia e sem exibir a sua, sinto dizer que você tem um sério problema com carência de atenção – procure ajuda.

São apenas duas semanas, sei que você consegue.

A sensação que o *Embustino* terá é de que você simplesmente sumiu. Ao aplicar a técnica do gelo, poderão surgir algumas dúvidas, então vou "desenhar" as respostas especialmente para você:

Não pode postar nada?
Nada!
Mas nenhuma foto?
Sim, nenhuma foto, nada!

Nem nos *stories*?
Nem nos *stories*.

No *feed* pode?
No *feed* também não.

Posso ao menos olhar os *stories*?
Você pode olhar os stories e status de quem bem entender, exceto os dele. Por que? Porque ele vai saber e, talvez, pensar que você está

aplicando as técnicas ninjas, *stalkeando* o perfil dele e dando uma de *FBI*. Esse tipo de atitude o leva a acreditar que você ainda gosta dele, justamente o que não queremos. Além disso, olhar as coisas dele pode acarretar em uma recaída. Por isso, evite também olhar as coisas de seus amigos em comum. Meu conselho é que realmente evite usar as redes sociais. O que os olhos não veem, o coração não sente.

Ah! E nada de instalar aqueles aplicativos que permitem olhar os *stories* do *Embustino* sem que ele saiba que você o visualizou. Usar perfis *fakes* também é proibido. Entenda que você precisa assassinar a ansiedade que está em você. Não bancar aquele alcóolatra que diz: essa é a última dose... todos sabemos que não é, para de tentar se enganar e comece a se ajudar.

Posso curtir foto?

Ao curtir alguma foto, outras pessoas podem ver o que você está curtindo, inclusive o *Embustino*. Evite isso!

Como faço se eu trabalho com rede social?

Se você usa rede social para trabalho, seja objetiva e poste somente assuntos profissionais e supere a tentação de dar aquela olhada na vida dos outros. Use seu poder e seja firme.

***

Na técnica do gelo existe algumas situações que vão além do mundo virtual e que precisam ser adaptadas. Lembre-se de que a ideia primordial do gelo é deixar saudades. Mas existem situações em que vocês são obrigados a manter algum tipo de contato, nesses casos o gelo pode funcionar? Sim, a frieza está ligada ao fato de você não estar mais disponível, não cair mais no papo do *Embustino* e tirá-lo da zona de conforto.

O gelo terá o mesmo princípio. Mesmo que vocês sejam obrigados a manter algum tipo de contato permanente que vai além da relação, se têm filhos juntos, se trabalham no mesmo local, moram no mesmo prédio, treinam na mesma academia. A base principal no gelo nessas situações é manter a postura de que vocês não têm mais nada. Você já fez sua parte dizendo a sua vontade e desejo, ele correspondeu com a dúvida, te deixando na esperança de uma possível relação e tentou te manter de marmita/ pantufa, portanto o assunto morre aqui.

Trate somente o necessário, evite olhares prolongados ou intimidades como toques, piadas, indiretas, visualizações, curtidas, ciúme, provocações. Ele simplesmente não existe mais. Altere seu comportamento, fazendo exatamente o inverso do que falo no capítulo sobre SEDUÇÃO E LINGUAGEM CORPORAL.

Lena trabalha no mesmo prédio do *Embustino*, ele sempre aparece no setor dela para tomar um café ou bater um papo sobre alguma coisa interessante - nem sempre tão interessante assim. Sempre que eles se encontram, o *Embustino* a aborda com gracejos. Lena, por gostar dele, corresponde com sorrisos, balança o cabelo e fica ansiosa ao percebê-lo. Certo dia, após transarem, Lena toma coragem e abre seu coração para o *Embustino*, ela já havia deixado dicas de que gostava dele, mas dessa vez ela foi direta.

O *Embustino* se mostrou surpreso e falou que se sentia pressionado, que tudo se encaixaria com o tempo e que não era a hora certa, mas mesmo acuado ele gostaria de continuar se encontrando com Lena e ver se a "coisa" evoluía, matando Lena por dentro, aumentando sua ansiedade. O *Embustino* quer se manter na zona de conforto enquanto Lena fica presa à esperança de que um dia ele mude de ideia e aconteça o tão esperado "encaixe na hora certa".

Ela não sai mais com as amigas com receio de deixar o *Embustino* com raiva e já não tem mais vida social. Tudo ao redor de Lena passa a girar na expectativa de que um dia o *Embustino* assuma um relacionamento sério. Passados seis meses e cansada de esperar, Lena resolve aplicar a técnica do gelo, ela agora passa a agir com frieza já não responde as mensagens dele, nem permite que ele a toque no trabalho. Sempre que o avista, ela cruza os braços, transmitindo a linguagem da negação para ele. O *Embustino* nota a mudança de comportamento de Lena. Ela sempre foi uma mulher sorridente ao seu lado e agora está distante e indiferente. "Ela deve estar afim de outra pessoa", pensa.

TEMOS FILHOS JUNTOS

Feh possui um filho com o *Embustino*, ele sempre vai visitá-lo nas quintas-feiras. Apesar do *Embustino* estar em um outro relacionamento, ele sempre investe em Feh porque sabe que ela ainda o ama, ele se aproveita da carência dela para se satisfazer sexualmente. Quando Feh se nega, ele a desqualifica, afirmando que ela nunca encontrará um homem melhor do que ele, que ninguém assumirá seu filho e que os outros homens só a desejam para o sexo. Um efeito colateral dessas agressões verbais é que a insegurança de Feh começa a aumentar, ela mesma começa a se desvalorizar, acreditando nas palavras do *Embustino* de forma que em seus dias de carência, ela acaba cedendo às as investidas dele.

Depois de alguns anos nessa situação, Feh começou a se incomodar com a perda de seu valor, a sua carência emocional começou a afetar sua saúde, seu financeiro e espiritual, ela não se reconhecia mais.

Usando o seu poder como mulher, passou a ser dona de si. Ela começou a tratar o *Embustino* da forma como ele merece. Resolveu aplicar a técnica do gelo e negou todas as investidas desde então. Feh passou a se cuidar mais, começou a estudar, a cuidar do corpo e da alma. Inicialmente, o *Embustino* achou que era algum tipo de charme, já que ele estava confortável em diminuí-la para conseguir sexo e outros agrados. Quando Feh aplicou o gelo passou a enxergar seu valor e encontrou a chave que a prendia emocionalmente ao *Embustino*. Nessa mudança, Feh começou a atrair os olhares de homens mais interessantes. Sua segurança se ergueu e ela está a cada dia mais confiante do seu valor e sexualidade.

Compreendeu que o *Embustino* não é o caminho para sua felicidade nem a melhor resposta para seus sentimentos, também entendeu que seu filho não é impeditivo para que continue buscando o seu melhor como mulher, pelo contrário, seu filho tornou-se o principal motivo de sua busca e mudança e qualquer pessoa que venha para somar só vai multiplicar esse princípio, nunca diminuir. “Eu tenho essa estranha sensação de que nasci para brilhar e não vai ser um relacionamento de merda que vai me deter”, é o seu mantra.

ZONA DO MEDO

No momento em que você se afasta e começa a aplicar o gelo, desaparecendo das redes socais, o *Embustino* aciona os Gatilhos da Falta e sai de sua zona de conforto, encaminhando-se para a zona do medo, quebrando sua autoconfiança. A reação inicial dele será de testar o terreno em que está pisando. Sem demonstrar sentimentos, disfarçado de orgulho, ele começará a sondar o ambiente e mandará mensagens aleatórias para chamar sua atenção como memes, piadas ou o "oi, sumida". Ele faz isso na tentativa de saber se você ainda está disponível para ele e em qual situação ele se encontra. Geralmente o *Embustino* reaparece na segunda-feira ou domingo à noite, depois de passar o final de semana curtindo. O intuito é checar se ele ainda possui controle sobre você e uma das formas que ele tem para saber isso é provocando algum tipo de discussão contigo, tentando inverter a culpa e fazendo-se de vítima.

Sua ausência e indisponibilidade vão deixá-lo nervoso. É te rebaixando que ele tenta se igualar com o propósito de quebrar essa sua barreira, te deixando chateada ou insegura e começando uma discussão em busca de atenção e de uma chance para expor seus argumentos. Se você alimenta um diálogo, é porque sente algo ou quer se explicar, ele plantará as sementes da dúvida em sua mente e você a resgará com a carência, possibilitando a ele mais uma chance de perdão. Você se perguntará se ele realmente errou, se você é quem é a culpada e usando dos seus sentimentos acabará concluindo que deve esquecer o assunto, perdoando-o. É assim que funciona o domínio masculino em relacionamentos abusivos. Na zona do medo ele inicia os jogos emocionais com essa manobra de vitimização, ele passará a ligar para opiniões de terceiros, para aqueles amigos que começam a comentar sobre seu sumiço ou comentários sobre sua mudança.

Nessa zona ele irá te procurar ou vai procurar saber o porquê de você não estar mais sob o domínio dele.

OFF-LINE 2: DIETA DO CASAMENTO

METAS SÃO COMO SINALEIROS NA ESCURIDÃO.

Quando uma mulher recebe um convite de casamento de uma amiga qual a primeira coisa que ela procura saber?

"Qual a data do casamento?"

Ela procura saber qual o dia do evento para calcular mentalmente quanto tempo ela tem para perder aqueles quilos extras. Ela já planeja tudo isso mentalmente na velocidade da luz: qual vestido usar, costureira, manicure, cabelo, sapato, maquiagem e até quem vai fazer o serviço.

A coisa fica mais interessante se ela for uma das madrinhas - aí fodeu tudo. Já começam um grupo do WhatsApp, planejam se encontrar no mesmo local e nessa hora tá valendo tudo, só não vale ir mais linda que a noiva, porque isso é uma gafe tremenda, não pela noiva - se ela pudesse ela iria mais plena, mas as outras convidadas vão começar a falar mal dela – tudo invejosa.

Do dia para noite ela vira *fitness*, entra nos grupos de *crossfit*, procura um chá milagroso que emagrece em dez dias, começa a comer igual lagarta - só salada, e a infeliz até começa a contar quantas calorias tem na pasta de dente. Ela passou o ano todinho que Deus deu se estragando nos rodízios de pizza da vida e agora quer perder os benditos dez quilos até o dia da festa. Todo esse sacrifício só para chegar linda, arrasando no evento e no fim ela consegue.

Por que falo disso? Se para uma simples festa de casamento, ela se organiza toda para passar algumas horas linda e maravilhosa, se sentindo bem consigo mesma, por que não fazer esse planejamento para toda a vida?

Então você fará a dieta do casamento durante as duas semanas que você estiver no processo Vida Off-line, você vai estabelecer metas para o fim dessas duas semanas. Você vai combater sua ansiedade, vai procurar se cuidar mais, vai procurar um novo *hobby*, algo que você sempre quis fazer, mas sempre deixou para depois. Esse é o momento de você se encontrar, de tirar os planos do papel. É o tempo só seu. Faça uma dieta, entre para a academia, faça uma arte marcial, aprenda um ofício novo, um novo curso, escreva um livro, faça algo totalmente diferente. Desprenda-se da vida da internet e faça algo realmente importante durante esse Off-line 2. Registre todo o período em fotos, mas não as poste. Guarde para o futuro, nós vamos usá-las.

OFF-LINE 3: TÉCNICA DA FOTO E DIA DO EMBUSTE

NADA INCOMODA MAIS O EMBUSTE DO QUE A FELICIDADE ALHEIA.

Chegou o grande dia! Você passou duas semanas no processo Vida Off-line. Tratou o *Embustino* com indiferença e com frieza, não respondeu prontamente as mensagens dele, se ausentou das redes sociais, procurou atividades diferentes. Você realmente viveu sua vida off-line.

No fim dessas duas semanas, você não postou nada nos seus perfis e algumas pessoas sentiram sua ausência, inclusive as próprias redes sociais.

ATÉ A REDE SOCIAL SENTE SUA FALTA

Por trás de toda rede social existe um conjunto de códigos inteligentes que processam as coisas que você posta e os outros visualizam. Mas a complexidade vai além de simplesmente capturar sua foto e legenda e mostrar para todo mundo. Talvez você já tenha notado que quando você curte alguma foto com um determinado assunto, começa a aparecer para você outros perfis semelhantes aos que você costuma seguir. Isso chama-se filtro de conteúdo.

Darei um exemplo: se você segue um comediante famoso ou curte a foto daquela musa fitness, automaticamente aparece para você outras fotos ou sugestões de perfis semelhantes ao que você curtiu ou seguiu. E como eles fazem isso? Através das *hashtags* nas fotos que você vem curtindo e perfis que vem acompanhando, esse é um artifício da Inteligência Artificial que é utilizado em várias plataformas. Um outro exemplo é utilizado pela Netflix, recomendando novas séries baseadas nas séries que você assistiu. Nas redes sociais isso funciona exibindo fotos que você possa gostar, deixando a navegação adequada ao seu gosto, já pensou se tudo que fosse postado nas redes sociais fosse mostrado a você sem filtro? Seria um caos de conteúdo.

E o que isso tem a ver com meu *Embustino*? O que alimenta o sucesso de uma rede social é a quantidade de usuários daquela rede, então um usuário, você, é muito importante para o sucesso deles.

Acontece que quando você se omite por um tempo das redes sociais, o código por trás do aplicativo também nota sua ausência. No momento em que você se ausenta por um tempo razoável e volta a postar conteúdo, uma maneira que o código tem para incentivar sua permanência é notificando todos os seus contatos sobre sua volta! É esse o recurso que vamos explorar com a técnica da foto.

Portanto, após duas semanas usando a técnica do gelo, fazendo a dieta do casamento e vivendo o processo Vida Off-line, você irá aplicar o dia do *embuste*.

DIA DO EMBUSTE

Nesse dia do embuste você tirará um dia exclusivamente para você. Vai naquele salão "mara" fazer cabelo, unhas, depilação - se você é contra depilação, sem problemas; seu corpo, suas regras, qualquer coisa que eleve sua autoestima, afinal, você merece. Você passou por todo um processo de duas semanas, esse dia é seu prêmio.

Durante esse dia você vai entrar em contato com suas amigas e fazer aquela formação de quadrilha. É hora de organizar o "crime" e para isso você vai precisar da sua turma – sozinha você é um perigo, imagina com "*azamigas*".

Juntas vocês vão a um lugar público como uma balada, barzinho, praia, praça, igreja, não importa, desde que exista muita gente. Você estará plena e linda, lembre-se da dieta do casamento, e vai escolher aquele vestido que realça toda sua sensualidade, inove na roupa. Esse é o momento no qual você vai reaparecer para as pessoas depois do sumiço.

Depois de todo o processo, garanto que você não será mais a mesma mulher de duas semanas atrás. Comece já pela forma de se vestir, sendo ousada ou simplesmente mudando seu estilo. Explore sua sexualidade e feminilidade. Realce suas qualidades, desde o cabelo, sorriso, até os seios e a bunda – geralmente eu falo "tetas" e "rabetão", mas realmente estou com medo de me confundirem com um machista aqui.

TÉCNICA DA FOTO

Quando estiverem na balada, você vai escolher um *drink* chamativo, daqueles que parecem bem caros. Você nem precisa beber, basta tirar uma foto. Lembre-se de que o que importa são as aparências.

Encontre um espaço iluminado, recolha a bebida junto ao corpo, vista o seu melhor sorriso e tire aquela foto! É extremamente importante que você sorria, pareça feliz e esteja em um lugar público.

Chegou o momento do ressurgir das cinzas. Você tirou a foto "fodástica" e agora vai retornar para as redes sociais e postar essa foto em tudo que for lugar: coloque essa foto no Instagram, nos *stories*, *status* do WhatsApp, Facebook, Twitter, não importa. Onde você tiver rede social, você "soca" essa foto.

É importante que essa imagem seja postada em um final de semana, em que o *Embustino* geralmente some e que seja em um lugar público. A ideia disso é que ele fique incomodado com a presença de outros homens no mesmo ambiente que você. Ora, se você está solteira, linda, maravilhosa e ao alcance de outros homens e se uma foto já faz estrago, imagina o que estará aprontando junto das amigas? Você vai matar esse homem do coração.

Essa sua foto vai rodar pelos seus seguidores, chamando a atenção de todos, a própria Inteligência Artificial da rede sociai fará esse papel, notificando o seu retorno. Todos eles serão notificados, respeitando o filtro de conteúdo e isso inclui como efeito, a chamada dos homens-zumbis, os amigos de seu *Embustino*, e, claro, o próprio *Embustino*. Os homens-zumbis são aqueles caras que você não tem mais contato, mas de alguma forma estavam te acompanhado. Esses caras vão ressurgir das cinzas, das profundezas do inferno com cara de retardado e querendo te comer.

Eles simplesmente brotam no *direct* ou nos comentários da foto e isso será ótimo. A velocidade com que as informações giram é uma das vantagens da internet, mesmo que seu *Embustino* tenha te bloqueado, ele será alertado de alguma forma, seja por amigos em comum, uma postagem em algum site, pesquisa no Google, marcações de foto, etc. O *Embustino* vai tomar um choque de realidade ao ver sua foto, serão disparados os Gatilhos Emocionais da Perda, da Escassez, da Saudade e ele se contorcerá de ciúmes ao ver os comentários dos Homens-Zumbis.

Aquelas cantadas clichês nunca foram tão valiosas: "delícia", "gostosa", "oh lá em casa", "Deus me livre, mas quem me dera", "saudades", "oi, sumida".

Obrigado, Homens-Zumbis!

Perceba que tudo que você evitava que ele sentisse como ciúme e insegurança, agora está a seu favor. Você não permitia passar esses sentimentos para ele com a ideia de que assim você seria uma mulher ideal. É justamente esse tipo de sentimento negativo que você disparou nele que o fez sair da zona do medo e passar para a zona da barganha. Tudo que você achava certo ele não queria, tudo que você achava errado, o aproxima. Eu sei, o homem é estranho mesmo.

Muito cuidado nesse momento, apesar de você estar focada em chamar a atenção do *Embustino*, algumas oportunidades, talvez até melhores, podem surgir com essa técnica.

Pode ser que alguns homens-zumbis sejam aproveitados nesse processo. Fomente alguns dos mais interessantes, eles podem servir para ser o seu próximo pau amigo ou até seu próximo *Embustino*. Esteja aberta a novas oportunidades.

E posso ir além disso, talvez nem mesmo o *Embustino* faça falta. Você terá passado por um processo de Vida Off-line, então pode acontecer de você perceber que ele não era tão importante assim e que de fato você merece coisa melhor. Surgirão outras oportunidades, outras atividades e você ficará tão bem que a conclusão de que é totalmente desnecessário sofrer por alguém que não te valoriza é inevitável. Fica esperta.

Eu preciso ir para balada?

A eficiência dessa técnica é que seja em um lugar público que passe a ideia de que você está disponível para outros homens e seu *Embustino* vai ficar com receio de perdê-la para outro. Afinal, você sumiu por duas semanas e surgiu poderosa, linda e louca, bebendo um *drink* caro com um sorriso estampado no rosto, esbanjando felicidade e cercada de homens afoitos para estar com você.

Pode ser outro lugar?

Se você não possui o hábito de frequentar baladas, você pode ir para qualquer lugar público de sua preferência como uma praia, barzinho, encontro de igreja. A ideia é que você esteja linda, feliz e em um local disponível a outras pessoas.

Ele não tem rede social ou estou bloqueada.

Não se preocupe, homens adoram conversar entre si sobre outras mulheres, também adoram zoar os outros quando se trata das "ficantes". Se vocês possuem amigos em comum, tenha certeza de que a foto chegará nele.

ENSAIO FOTOGRÁFICO

Se você não quer ir para um lugar público, uma outra forma de chamar a atenção do *Embustino* é fazendo um ensaio fotográfico. Fotografias tratadas elevam sua estima e realçam suas qualidades. Invista em você e sinta-se poderosa. O princípio será o mesmo, faça todo o processo da técnica do gelo e poste no final uma foto ousada do seu ensaio.

OFF-LINE 4: COLHA OS RESULTADOS

Tudo o que você planta, você colhe. Desconheço alguém que tenha plantado morango e colheu limão. Você pode não perceber, mas toda a magia está acontecendo ao seu redor. Seu comportamento durante a técnica do gelo vai ditar como será o resto da sua vida, seu objetivo principal era deslocar seu *Embustino* da zona de conforto, passando pela zona do medo, até a zona da barganha. Mas, sem perceber, quem passou por todas essas zonas foi você, lidando com elas muito bem para chegar até aqui. O *Embustino* agora está incomodado e tomou uma atitude jamais tomada. Ele engoliu o orgulho e foi falar com você. O que fazer agora?

ZONA DA BARGANHA (NEGOCIAÇÃO)

"SÓ DESEJAMOS AQUILO QUE NÃO TEMOS."

Platão

Ao passar pela zona do medo, o *Embustino* passa a se deslocar para a zona da barganha. Nessa zona ele tenta confrontar o medo da perda e tentará negociar com você. Após a técnica da foto, ele notará o quão linda você é, e ficará receoso com a presença de outros homens desejando aquilo que há duas semanas atrás estava em suas mãos. Você passou duas semanas o ignorando e ele sente que já não tem domínio sobre você, ele precisa reassumir o controle da relação e fará o possível para te reconquistar. É nesse momento que você se transformará na "Negociante do Amor". Quando ele entrar em contato contigo, você utilizará todo o seu poder como mulher empoderada. Assuma uma postura séria, pois chegou a hora de você colher o que plantou. Por todo esse tempo você passou por um autoconhecimento, enxergou o seu verdadeiro valor, então não aceite nada menos do que você merece.

Talvez nesse ponto com o surgimento de outros homens você nem esteja tão interessada assim nele. Talvez você encontre outras oportunidades, dentre elas o seu amor próprio. Talvez você conclua que ele não faz tanta falta assim e que existem outras coisas maravilhosas a serem feitas além de sofrer por um macho. Mas, se você resolveu que ainda quer ter uma vida com o *Embustino*, siga em frente. Exija que ele pegue na sua mão e te assuma.

Responda friamente, ainda usando a técnica do gelo com objetividade, simplicidade e sem dar muitas explicações. Escolha um lugar que você goste e marque o melhor horário para você. Tome a iniciativa de escolher data, local e hora, ele agora está sob o seu comando. Não permita que ele te busque em casa ou use outro artifício para assumir o comando.

Ao se encontrar com o *Embustino*, finja que nada está acontecendo. Seja forte e não toque no assunto até ter passado uns trinta minutos.

Seja objetiva com seu pedido: quero uma decisão agora, estamos namorando ou não?

Você nunca verá um *Embustino* gaguejar e suar tanto. Ele tentará assumir o controle mudando de assunto ou dando as mesmas desculpas de sempre. Prepare-se caso ele comece a chorar, é tudo teatro. É a hora de você fazer suas exigências: mudar o *status* para namorando, postar foto juntos, senha do celular, qualquer coisa que você queira. Use o bom senso nesse momento, não exija tantas coisas impossíveis, afinal esse é o momento de negociar, não de destroçar o orgulho dele.

Caso ele não aceite e passe a te enrolar, simplesmente curta a noite, deixe ele pagar a conta, levante-se com dignidade, saia de cabeça erguida, linda, plena e com calma. E durante o caminho até a saída, por que não retribuir os olhares dos outros curiosos?

As novas oportunidades estão em todos os lugares, basta você querer enxergar.

Você agora é uma Mulher PLL – Poderosa, Linda e Louca.

ELE NÃO ME PROCUROU

Fiz todo o processo, e, mesmo com a técnica da foto, ele não me procurou. Esse é o tipo de resultado que você não esperava que acontecesse, afinal você nutriu esperanças de que tudo desse certo no final. Você investiu todo esse tempo, dinheiro e expectativas para que ele te procurasse, o que não aconteceu.

Não vou romantizar o valor da insistência. No início da técnica do gelo você estava em uma situação em que você era uma marmita/pantufa, nutria expectativas exageradas, vivia uma ilusão e se desmanchava em uma incerteza: será que ele me ama também?

Independentemente do que você acha sobre ele, você só pode ser responsável pelo que você sente. Você não pode ter certeza do que o outro sente até que ele demonstre - porque nem as palavras têm valor se não forem acompanhadas de atitudes.

O amor é reconhecido pelos frutos e você cometeu o aprendizado de criar raízes na pessoa errada. Entenda bem quando falo "aprendizado", em matéria de amor não existe erros somente lições.

É frustrante estar em um relacionamento em que só um dos dois lados sente algo. É frustrante sonhar e descobrir que ele não quer viver o mesmo com você. Ele parecia perfeito para você, mas infelizmente ele não acha a mesma coisa: você não é perfeita para ele. Não importa aqui sua opinião de que vocês são almas gêmeas, nascidos e prometidos um para o outro, se ele disse que não é, então não é, ao menos na visão dele. O que resta agora é respeitar essa decisão.

Sempre devemos olhar pelo ponto positivo e aprender com o lado negativo. O positivo confirma, o lado negativo ensina. O aprendizado com esse processo é de que você passe a sair do ciclo vicioso que se encontrava - relação de marmita/pantufa. Você se afastou dele, praticou a técnica do gelo, fez todo o processo Vida Off-line, viveu menos na rede social, soube lidar com a ansiedade, estabeleceu a meta da dieta do casamento, postou uma foto maravilhosa, criou novas oportunidades e, se fez tudo corretamente, melhorou sua qualidade de vida.

Possivelmente com a técnica da foto pode ter surgido oportunidades que antes você não enxergava, ofuscada por seu *embuste*. Sabe aquela história de que às vezes a resposta pode estar diante dos seus olhos e você não havia percebido?

Pois é, pode parecer clichê, mas isso realmente funciona. É melhor você prestar atenção. A ideia é estar aberta a novas oportunidades, estar preparada para quando elas surgirem, e não perder tempo com quem já havia decidido não ser seu parceiro de vida.

Faça uma reflexão depois de todo esse processo, veja o quanto você se dedicou para chamar a atenção de alguém que não se importa contigo. Veja a força de vontade que você criou durante essas duas semanas. Veja as mudanças em você mesma. Se você está se sentindo melhor do que antes, imagine o que acontece se continuar aplicando essas técnicas e metas daqui para a frente, nem dá pra avistar o quão longe você pode chegar.

E se você se sente mal, convido você a ler os outros capítulos deste livro. Tenho certeza de que ao final da leitura você terá o pensamento renovado e "uma mente com novas ideias, jamais voltará ao seu tamanho original" – Albert Eistein.

ZONA DO APRENDIZADO

Vocês estão namorando, ele assumiu compromisso com você. Vocês saíram da zona da barganha e entraram na zona do aprendizado. Nessa zona ele efetuará algumas mudanças de comportamento. Dependendo do *Embustino*, ele poderá levar um certo tempo para aceitar que vocês estão em um relacionamento. Por vezes, ele pode ficar confuso quanto ao que sente, ele foi pego de surpresa pela técnica do gelo e não esperava entrar em um namoro, é normal ele passar por um processo de transição. Você precisará ter calma, mudanças levam tempo, você mesma passou por uma mudança que não foi nada fácil, espere a mesma dificuldade dele. Ele poderá fazer planos que agora incluam você, tomar mais iniciativas e assim avançarem na relação. Mesmo estando nessa zona, tome cuidado, não se permita entrar na zona de conforto da relação ou permitir que ele assuma o controle novamente. O relacionamento é um conjunto de atitudes diárias e você precisa sempre se alimentar do seu novo eu.

Renove-se sempre! O sucesso da relação depende mais de você do que dele.

O GELO SEMPRE FUNCIONA

Posso afirmar com 100% de certeza e sem medo de errar: a técnica do gelo sempre funciona. Talvez não funcionou da maneira que você esperava como conseguir seu *Embustino* de volta, mas em questão de amor-próprio, o gelo sempre traz benefícios.

De um lado você espera disparar o Gatilho da Falta em seu parceiro. Você faz isso incitando a ausência e perda, mas isso é uma variável que depende do sentimento dele. Podemos disparar todos os gatilhos necessários para ele sentir sua ausência, mas se ele de fato não tem interesse em ter um relacionamento sério contigo, nada pode ser feito. Isso é uma escolha dele e ele simplesmente está exercendo seu livre-arbítrio.

O que resta nesse momento é você respeitar a decisão. Caso o resultado obtido não seja o que esperava, entenda que você não pode ter tudo aquilo que almeja e que na realidade nem sempre o que você deseja é de fato o melhor para você.

Algumas mulheres podem se culpar pelo afastamento, achar que fizeram alguma coisa errada, e por isso agora sofrem. Não é assim que funcionam os relacionamentos. Insistir em algo que não daria certo, romantizar a insistência, não é o caminho para a felicidade. Não era esse o caminho que você deveria trilhar, e talvez isso não faça sentido para você agora, mas um dia fará!

Dê tempo ao tempo e você irá descobrir. Você precisa se perdoar, perdoar seus sentimentos, perdoar e aceitar o não, perdoar que ele não consiga te valorizar e assim seguir em frente. Ele realmente não podia oferecer aquilo que você merece.

POR QUE A SUA MUDANÇA DE ATITUDE É NECESSÁRIA?

A queixa é geral: todos os homens são iguais. Como homem, permita-me uma observação, será que todos os homens são iguais simplesmente porque todas as mulheres são iguais e eles não precisam mudar? Todos sabemos, vivemos em um mundo machista.

Ser feminista é ser igual. Por vezes, a palavra "feminismo" causa repulsa em algumas mulheres pela forma como a mídia divulga as ativistas desse movimento. É necessário dizer que o feminismo possui diversas linhas, e, se você associa feminismo com as "feminazi", saiba que esse é apenas um tipo de luta. Se você, mulher, acha que homens e mulheres são iguais com suas diferenças biológicas, mas que devem ter os mesmos direitos, então preciso te avisar: você é feminista.

Por que muitas mulheres não se identificam com o termo feminismo mesmo concordando com a ideia de que homens e mulheres devem possuir os mesmos direitos? A resposta está no estereótipo que a palavra "feminismo" carrega. As mulheres que não se associam com o termo acreditam que a palavra vem carregada de preconceitos: feministas não usam rosa, odeiam homens, são lésbicas ou mal-amadas.

Se você chegou até aqui pode ser que tenha entendido o verdadeiro significado de ser uma Mulher PLL – Poderosa, Linda e Louca.

Os homens não vão mudar. Então para que a sociedade mude, é preciso que a mulher pare de aceitar a ideologia atual. É necessária uma mudança de hábitos, quebrando tabus e axiomas que prejudicam o feminino. Você muda seu mundo, o mundo muda junto.

FINALMENTE

No fim, falo da minha vida e de minhas referências femininas.

Eu comecei o livro afirmando que esta não é uma obra para ser lida apenas uma vez. A construção da mudança é uma batalha diária e deve ser repetida sempre. Só com a repetição podemos chegar à perfeição e eu não canso de repetir isso.

Após ler esse texto, talvez você releia esse livro com outros olhos e, principalmente, reescreva sua vida com outras mãos.

Não vou contar minha história triste, tenho certeza de que a sua pode ser ainda mais infeliz. De certa maneira, fui afortunado, cresci em uma família unida, com pais incríveis e irmãos maravilhosos. Poucas vezes na vida passei necessidade, mas as que passei foram suficientes para me dar um gostinho de viver precisando o que não se pode ter.

Só quero que você saiba que sou um homem qualquer que já acertou, já errou e aprendeu com isso. Vivi o suficiente para entender o necessário sobre o ser humano, e o suficiente para escrever minha experiência nesse livro. Você chegou até aqui, dedicou seu tempo, dinheiro e cultivou a ansiedade para atingir este ponto. Agora é minha vez de aprender com você.

Diga...

O seu *Embustino* realmente vale todo esse seu esforço para ser notada? Vale a pena você se rastejar ao ponto de procurar um livro que te ensine a tê-lo de volta? E como você fica nesse processo todo? E todas as oportunidades que você está perdendo olhando para uma direção que talvez não seja a sua?

O caminho é individual, cada um possui sua estrada, você não deveria estar trilhando a sua com quem realmente quer estar ao seu lado?

Perdemos tempo e desperdiçamos momentos olhando para um ponto além de nós. Miramos tão distante que não conseguimos enxergar o que está logo aqui do nosso lado.

Você não fica curiosa em saber qual versão sua você se tornaria se começasse a fazer o seu próprio caminho, em vez de tentar seguir o caminho dos outros?

Preciso terminar esse livro e uso o espaço porque preciso conceder minha gratidão a você. Portanto, resolvi encerrar esta obra pelo começo de tudo.

Não sei se você possui alguma crença ou é descrente em todos os sentidos. Não me importo muito com isso, desde que você seja uma boa pessoa, e vou respeitar sua opinião e pensamento. Mesmo assim, serei grato por você existir.

Venho de uma família de mulheres fortes. Do lado paterno tive uma agricultura como avó, do lado materno tive uma lavadeira.

Um dos meus maiores medos é passar por essa vida sem deixar algo que realmente importe para as pessoas, e, com isso, caia no esquecimento – essa é uma segunda morte.

Sei que muitas pessoas vão alegar que a meta de vida é simplesmente agradar aquelas pessoas que estão vivendo esse tempo conosco aqui na terra, mas eu sou teimoso e quero ir além.

Eu já não conheço a história de quem foram meus bisavôs, e nem ao menos me lembro o nome deles. Talvez alguns dos membros da minha família ainda tenha alguma recordação, mas certamente esses nomes se apagarão no tempo. Engraçado como pessoas que foram tão essenciais para a minha vida, hoje possam não ter valor algum em termos de memória e passado.

Por isso eu farei minha parte aqui, e eternizarei algumas mulheres que foram fundamentais para que eu terminasse esse livro para você que é uma mulher PLL.

Todos temos histórias tristes e não quero passar a impressão que sou alguma espécie de coitadinho que deu a volta por cima. Muito longe disso. Claro que tive meus baixos nessa passagem terrena, e também tive meus momentos de superação, mas isso faz parte do viver e tenho de certeza que você também armazena sua parcela de histórias a serem contadas.

Só escrevo essas palavras para ser justo com o universo e comigo mesmo ao reconhecer que não trilhei essa estrada de conhecimento sozinho. A motivação para escrever esse livro é só uma: um sonho.

Não é um sonho meu, nunca tive a ambição de escrever esse texto. Mas o sonho de uma prima que sonhou de verdade com a minha falecida avó materna. Minha querida vovó Helena.

Minha prima sempre foi de uma sensibilidade espiritual incrível, e essa é apenas uma das histórias que ela é capaz de contar sobre isso. Mas no que me toca, um dia ela me fez calar com um pensamento. Foi quando ela chegou até mim, e disse que havia sonhado com a nossa avó.

Minha prima afirmou que o sonho era muito nítido, e que ela lembrava de todos os detalhes. Vovó Helena vestia sua camisola preferida no sonho. Olhava fixamente para a minha prima e dizia: as palavras de Érico vão mudar a vida de muitas pessoas, e ele será bem-sucedido nessa missão.

Na época em que ela me revelou esse sonho, as palavras não fizeram nenhum sentido para mim, até agora. Saiba que as palavras que você está lendo são, na verdade, a realização de um sonho. Um sonho sonhado de verdade. Vidas estão mudando.

Da parte do meu pai, existiu uma agricultora forte da Paraíba, de nome Maria Rita.

Não tive o prazer de ter vivido muitas experiências com ela. Eu era muito novo, ela, muito velha e distante. Mas tive momentos suficientes para aprender o necessário. Ela tinha mãos firmes, sempre carregando seu charuto e um enrolado de fumo. Tinha uma risada gostosa e autêntica, daquelas que dá vontade de rir junto, mesmo quando a piada não tem graça.

Um dia a visitei em sua pequena casa. Ela sempre usava vestidos floridos que davam a impressão de serem frescos. O que mais me marcou nessa visita não foi a chegada, mas a despedida. Somos três irmãos, então, ao nos despedirmos dela, recebemos, cada um, uma pequena caixa enrolada em um papel de presente improvisado. Naquela época, éramos crianças e, se ganhássemos presentes, com certeza queríamos que fossem brinquedos.

Esperei meu pai partir com o carro para rasgar o papel de presente, eu queria parecer educado ao não abrir o presente na frente da minha avó, mas não esperei tanto tempo assim. Logo que fiquei longe do alcance do olhar dela, esfarelei curioso o papel que enrolava o meu presente.

Não vou mentir, fiquei com raiva quando descobri que o pacote embrulhado era uma caixa de sabonete que lembro até hoje a marca - sabonete Senador.

Na época, eu não entendi o porquê havia ganhado um sabonete. Eu queria mesmo um novo boneco do Comandos em Ação. Mas hoje eu entendo – e como entendo.

É a lembrança daquele sabonete que ganhei da minha avó que nada tinha que me faz finalizar esse livro:

"A gente dá aos outros a melhor parte que temos a oferecer." Você tem em mãos a minha melhor parte que tenho a oferecer. Agora você também carrega a minha eterna GRATIDÃO. Obrigado.

Vitrola editora

vitroladistribuidora

VITROLA EDITORA E DISTRIBUIDORA LTDA

Rua das Camélias, 321 - Aparecida

CEP: 98.400-000 - Frederico Westphalen - RS

Telefone: (55) 3744-6878

editora@vitrola.com.br

www.vitrola.com.br